防雷减灾改革法律问题研究

李家启　王月宾　李良福　李　祯 等 编著

气象出版社
China Meteorological Press

内 容 简 介

本书介绍了我国防雷减灾工作的历史进程,分析了我国防雷减灾改革必要性,提出改革相关建议。全书重点对《反垄断法》在防雷减灾领域适用性法律问题,以及防雷市场准入制度改革、防雷价格制度改革、防雷国有企业改革、防雷收入分配制度改革和防雷减灾管理体制改革等相关法律问题进行阐述,可为防雷减灾改革提供法律参考。本书可供建筑、电力、气象、法律和防灾减灾管理或技术人员参考。

图书在版编目(CIP)数据

防雷减灾改革法律问题研究/李家启等编著.--北京:气象出版社,2018.11

ISBN 978-7-5029-6865-6

Ⅰ.①防… Ⅱ.①李… Ⅲ.①防雷-安全法规-研究-中国 Ⅳ.①D922.544

中国版本图书馆 CIP 数据核字(2018)第 253844 号

防雷减灾改革法律问题研究

Fanglei Jianzai Gaige Falü Wenti Yanjiu

出版发行:气象出版社

地 址:北京市海淀区中关村南大街 46 号 **邮政编码**:100081
电 话:010-68407112(总编室) 010-68408042(发行部)
网 址:http://www.qxcbs.com **E - m a i l**:qxcbs@cma.gov.cn
责任编辑:王凌霄 张锐锐 **终 审**:吴晓鹏
责任校对:王丽梅 **责任技编**:赵相宁
封面设计:博雅思企划
印 刷:北京中石油彩色印刷有限责任公司
开 本:710 mm×1000 mm 1/16 **印 张**:7.5
字 数:166 千字
版 次:2018 年 11 月第 1 版 **印 次**:2018 年 11 月第 1 次印刷
定 价:39.00 元

本书如存在文字不清、漏印以及缺页、倒页、脱页等,请与本社发行部联系调换。

前　言

Preface　➣➣➣

科学立法是处理改革和法治关系的重要环节。要实现立法和改革决策相衔接，做到重大改革于法有据，立法主动适应改革发展需要，亟须加强改革相关法律制度的研究。全面深化气象改革是国家全面深化改革的重要组成部分，防雷减灾改革是全面深化气象改革的突破口，因此，全面推进防雷减灾改革必须自觉运用法治思维和方式，坚持防雷减灾改革于法有据，迫切需要紧紧抓住法律制度建设这一关键环节，加强防雷减灾改革法律制度研究。

步入新时代，防雷减灾改革法律制度研究，必须坚持"破"与"立"的辩证统一，完善防雷减灾改革的法治体系，为推进防雷减灾工作治理体系和治理能力现代化提供有力的法治保障。本书充分汲取2016年中国气象局软科学课题"防雷改革与转型发展研究"成果，在重庆市气象局软科学课题"气象服务体制改革法律问题研究"中，以防雷改革中法律问题研究为例，阐述我国防雷减灾改革基础问题，重点剖析了我国《反垄断法》之于防雷领域适用范围问题，我国防雷减灾市场准入制度改革、防雷减灾价格制度改革、防雷减灾国企改革、防雷减灾管理体制改革等法律问题，并提出改革的相应建议。

本书编写过程中得到了中国气象局政策法规司、中国气象局发展研究中心、重庆市气象局、北碚区气象局、綦江区气象局、重庆市气象服务中心等单位的大力支持，特别是中国气象局政策法规司胡鹏司长、中国气象局发展研究中心王志强主任，重庆市气象局顾建峰局长、杨智副局长，以及重庆市气象局政策法规处青吉铭处长、重庆市气象安全技术中心覃彬全主任、北碚区气象局徐前进局长、綦江区气象局谭建国局长等审阅了全书，并提出了许多宝贵意见，在此一并致谢。此外，本书应用的研究成果，除个别文献外，均列出了参考文献，在此谨向文献作者致以衷心感谢！

由于作者水平有限、时间仓促，本书难免有不足之处，敬请读者批评指正。

作者

2018 年 4 月 20 日

政府与市场关系重塑中的防雷减灾体制改革

　　政府与市场的关系是政治经济学关注的焦点之一。1776年,亚当·斯密在《国民财富的性质与原因的研究》中提出了"看不见的手"的市场机制,奠定了市场决定资源配置的理论基础;1936年,凯恩斯在《就业、利息和货币通论》中强调政府对经济的干预作用的理论;1944年,波兰尼在《大转型:我们时代的政治与经济起源》提出"双向运动"理论:在一切都商品化的市场经济里,经济活动在社会关系中居于决定性地位,形成了经济自由主义的运动。而与此相对应,为了防止市场机制给社会带来的侵害,还存在反向的社会自我保护运动,并因而需要政府对市场经济进行干预。近年来,国内外对政府规制理论的研究逐渐成熟。如何处理好政府和市场的关系、实现公私融合仍是任何一个国家及政府追求的目标。

　　我国经济体制改革过程是一个不断调整政府与市场关系并将其调整结果予以体制化、机制化的过程。在我国,是从"让地方和工农业企业在国家统一计划的指导下有更多的经营管理自主权",到"我国实行的是计划经济,即有计划的商品经济,而不是那种完全由市场调节的市场经济",再到"市场在资源配置中的作用迅速扩大……计划经济体制逐步向社会主义市场经济体制过渡";从"要使市场在国家宏观调控下对资源配置起基础性作用",到"更大程度地发挥市场在资源配置中的基础性作用……健全国家宏观调控",再到"使市场在资源配置中起决定性作用和更好发挥政府的作用"。政府发挥作用的合理范围是随着经济增长阶段和经济形势变化而变化的。在经济发展的较低阶段,政府可以发挥重要作用,为企业发展创造有利条件,支持经济的高速增长;而在产业升级和创新驱动的时候,政府就应当减少对经济活动的直接参与,主要致力于培育有利于创新的制度和政策环境。现代社会要求现代政府要在重新界定和调整政府与市场关系基础上完成的现代国家的构建。我国防雷减灾体制改革也在政府与市场关系的重构中进行。

　　第一,我国防雷减灾存在政府与市场关系的错位急需重塑,防雷减灾改革势在必行。目前,我国政府转型仍滞后于经济转型,政府转型的滞后可分为制度性缺陷和政府能力缺陷两个方面。其中,制度性缺陷突出表现为政府功能的"错位""缺位",政府既当运动员,又当裁判员是导致"政府失灵"的制度性原因。尤其是在部分防雷减灾领域存在垄断现象,使气象主管部门存在既是运动员,又是裁判员的现象,因此,防雷减灾体制改革必须冲破传统体制的束缚。从目前来看,非公有资本的进入程度仍然比较低,推动防雷改革,必须放宽市场准入,重点清理和取消限制竞争、保护垄断的政策。

第二,我国防雷减灾改革中市场机制的作用会呈现强化趋势。市场竞争是提高配置效率、技术效率和促进技术进步的可靠机制,但是,市场的力量并不能解决防雷垄断中出现的一切问题。例如,由于防雷减灾的特殊性,特别是防雷市场易受地方经济社会水平的限制,呈现出发展不充分、不平衡问题,会对防雷市场自由化有一定限制,但总体上来说,市场机制发挥的作用会呈现强化趋势。

第三,防雷减灾改革中政府的作用会呈现弱化趋势。在现代市场经济中,政府已不能仅是市场的"守夜人",政府对市场经济的参与和影响是不可或缺的。美国著名经济学家萨缪尔森也曾提出:"市场可以是我们驾驭下的一匹好马。但是马无论怎么好,其能量总有个极限……如果越过这个极限,市场机制的作用必然会蹒跚不前。"随着进一步简政放权和行政审批制度改革推进,气象部门在防雷行业市场机制中的作用会呈现弱化的趋势,但并不会改变其在防雷改革和发展中的重要地位。

第四,我国防雷改革任重而道远。政府和市场是一种优缺互补的力量,在资源配置中两者有机会来促进和改善对方,防雷行业市场机制与政府作用的协调互动和有机结合不能一蹴而就。个别地方气象部门防雷企事业依靠其垄断地位获得较高的垄断收益,因而没有市场竞争压力,在这种情况下,防雷企业不会主动通过创新提高自身的技术竞争力或经营绩效。因此,防雷现有体制实质上阻断了行业之间的流动性,阻碍了推动创新的市场倒逼机制发挥作用。气象部门应该从国有防雷企事业单位改革入手,打破垄断体制,发挥民营企业的创新能力,使所有市场参与者受到充分的激励。另外,防雷工作中政府与市场的关系具有动态性,是一个逐步发展的过程。政府与市场的关系与市场机制的完善程度以及市场的发展状况密切相关,当市场发展存在困难,处在需求不振或供给不足时,市场的效率下降,政府应适当填补市场收缩而出现的空白,提高市场效率,应对市场困难。由于市场的发展是一个动态的过程,政府与市场的关系也必然是动态的,我国政府与市场关系重构中的防雷减灾体制改革也会任重而道远。

总之,我国的市场经济是一个政府主导建构型的市场经济,市场失灵直接取决于政府以什么样的理念去建构一个怎样的市场。政府的作用只能是适度和有限的调控和规制。市场能做什么不能做什么、政府可以做什么不可以做什么,这是社会运转、发展的动态要求,从法律的视角研究我国防雷减灾体制改革问题,在依法治国的时代背景下则具有极其重要的现实意义和理论价值。

目 录
Contents

第一章　我国防雷减灾体制改革基础问题研究

一、问题的提出

防雷减灾体制改革是贯彻落实党中央、国务院决策部署的政治责任,是关系气象事业健康长远发展的重要任务,依法推进防雷减灾体制改革是大势所趋。由于我国市场化进程加快,防雷减灾体制改革已进入攻坚阶段。但是,由于一些基础理论问题尚未厘清,导致防雷减灾体制改革受阻,甚至停滞不前。若要推动防雷减灾体制改革继续前行,以下几个理论问题必须得到解决:其一是厘清防雷减灾体制改革的对象,即明确改革的对象与范围是改革的第一步,界定不清晰将导致改革的范围过宽或过窄;其二是梳理我国防雷减灾体制改革历程及经验,为深化我国防雷减灾体制改革提供教训与借鉴;其三是当前背景下我国防雷减灾体制改革的必要性分析,这是理论前提与动力支撑;其四是防雷减灾存在的不足及今后改革中应注意的难点问题,并提出可供借鉴的对策建议。

二、防雷减灾、防雷减灾的界定及其体制

(一)防雷减灾的内涵

雷电是指积雨云中不同符号荷电中心之间的放电过程,或云中荷电中心与大地和物之间的放电过程,或云中荷电中心与云外大气不同符号大气体电荷中心之间的放电过程。放电过程会产生强烈的闪电和巨大的声响,即是人们常说的"电闪雷鸣"。雷电的危害性主要表现在雷电放电时所产生的各种物理效应作用,具有很大的破坏力,按其破坏机制可分为电效应、热效应、电磁效应和机械效应。

防雷减灾,就是通过对雷电采取避防性措施,减少雷电灾害损失的活动。防雷(亦称雷电灾害防御或者雷电防护)并非是预防雷电的发生,而是指尽量防止雷电灾害的发生以及防止区域内发生的雷电灾害对人和人类社会造成不良影响。但这不仅指防御或防止灾害的发生,实际上还包括对雷电灾害的监测、预报、防护、抗御、救援和灾后重建等。减灾包含两重含义:一是指采取措施减少雷电灾害发生的次数和频率;二是指减少或减轻雷电灾害所造成的损失。

(二)防雷减灾范围的界定

防雷减灾活动主要包括防雷减灾基本业务、防雷减灾技术服务和防雷减灾社会管理。

防雷减灾基本业务主要包括：雷电监测、雷电预报预警、雷电预警信息发布等服务、雷电科学研究、雷电灾害调查鉴定与风险区划、防雷减灾科普宣传等。

防雷减灾技术服务主要包括：雷电灾害风险评估、防雷装置设计评价、新建建筑物防雷装置跟踪检测、既有项目防雷装置定期检测、雷电专业专项服务、防雷工程设计施工、防雷产品生产测试等。

防雷减灾管理是指行业主管部门对防雷减灾规划与组织实施、防雷减灾行政审批、防雷行政执法与监督、雷电灾害调查与应急处置管理等。

(三)防雷减灾体制

"体制"是指"被某些有规律的相互作用或相互依赖的形式所联合起来的客体、观念或行为的集合"。体制需要关注：被组织起来的是什么，以及这些组成部分是如何相互发生关系的。通过体制参与者间的相互作用和互动，一些参与者的行为可能会影响其他参与者，并且指导、命令他们的行为，而这种指导和命令是通过一定的规则和组织来完成的。因此，研究"体制"会涉及对各组织间相互作用的分析、组织构成的分析、命令规则的分析以及其他参与者对命令规则反应程度的分析。从管理学角度来说，"体制"是指国家机关、企事业单位的机构设置和管理权限划分及其相应关系的制度或者有关组织形式的制度，限于上下级之间有层级关系的国家机关、企事业单位。本书将体制界定为"连接着存在上下级关系的国家机关、企事业单位等的机构设置、管理权限及互相关系的制度"。

防雷减灾体制改革中最重要的问题，涉及谁来做、做什么、怎么做。防雷减灾活动主要包括基础业务、技术服务和社会管理三个方面，其体制改革就是研究以上三个方面内容分别涉及谁来做、做什么、怎么做的问题，改革就是打破原有模式，进行新的模式建立。

三、我国防雷减灾工作的历史进程

(一)起步发展阶段(1985—1996 年)

1985 年，《国家气象局、财政部关于气象部门开展专业服务收费及其财务管理的几项规定》(国气计字〔1985〕第 179 号)出台后，安徽省滁州地区气象局率先在全国开展了防雷装置检测技术服务。1989 年 8 月，因雷击引发山东省黄岛油库发生特大火灾爆炸事故，造成 9 人死亡，100 多人受伤，直接经济损失 3540 万元，引起全国震动，全社会防雷安全需求增大,气象部门的防雷检测工作开始在全国铺开。1990 年,国家气象局会同财政部对气象部门专业服务收费及其财务管理规定做了补充要求(国气计发〔1990〕179 号),为全国气象部门开展防雷检测技术服务及其对气象事业发展提供了重要支撑。1995 年,中央机构编制委员会明确气象部门归口管理社会生产、人民生活中与气象有关(雷电灾害)的安全设施设计、施工和技术检测(中编发〔1995〕13 号)。

在重庆,重庆市气象局于 1989 年会同相关部门印发《重庆市安全生产委员会办公室 重庆市劳动局 重庆市公安局 重庆市气象局 中国人民保险公司重庆分公司关于对避雷装置进行安全检测的通知》(渝安办〔1989〕第 29 号),建立避雷装置安全性能定期检测制度,并开始开展避雷装置检测有偿服务;同时,推动出台《重庆市物价局 重庆市财政局关于印发重庆市气象部门行政事业收费规定的通知》(重价非发〔1991〕171 号),明确了防雷装置检测服务收费标准,并纳入行政事业性收费。1995年,重庆市气象局组建重庆市计算机(场地)安全检测中心,推动出台《重庆市公安局 重庆市气象局 中国人民保险公司重庆分公司关于对计算机(场地)进行安全检测的通知》(重公安发〔1995〕字第 62 号),并在全国率先开展了对计算机场地的安全检测技术服务;次年,重庆又成立重庆市气象局防雷(静电)设施检测站,推动出台《重庆市气象局 重庆市公安局关于对易燃易爆场所防静电装置进行安全检测的通知》(重气发〔1996〕80 号),率先在全国开展防静电装置的安全检测技术服务。

(二)依法规范阶段(1998—2007 年)

1. 全力推进防雷减灾法治建设

1998 年,《国务院办公厅关于印发中国气象局职能配置内设机构和人员编制规定的通知》(国办发〔1998〕137 号)明确中国气象局组织指导防御雷电、大雾等气象防灾减灾工作,归口管理雷电防护工作;是年 8 月,中国气象局正式成立中国气象局雷电防护管理办公室,负责全国雷电防护管理工作。2000 年,《中华人民共和国气象法》的颁布实施,给各级气象主管机构防雷减灾管理工作提供了法律依据。2004 年,《国务院对确需保留的行政审批项目设定行政许可的决定》(国务院令第 412 号)设定防雷装置设计审核和竣工验收、防雷资质评审等两项审批事项,进一步强化了气象部门防雷管理地位;是年 7 月,中国气象局雷电防护管理办公室在中国防雷信息网上开设"防雷监督举报箱",强化了防雷安全监督管理,全国防雷工作走上了有法可依的健康发展道路。

在重庆,重庆市人民政府于 1998 年成立了以陈光国副市长为主任的防雷安全工作的领导机构——重庆市防雷安全工作委员会(渝办〔1998〕163 号),以及防雷安全技术机构——重庆市防雷中心(渝编〔1998〕25 号)。1999 年 9 月 1 日,《重庆市气象条例》开始施行,按照该条例第十六条规定,"县级以上气象主管部门负责管理本行政区域内雷电灾害的防御工作,组织雷电灾害防护装置的设计审核、施工监审和竣工验收,并定期进行监督检测"的要求,重庆市防雷安全工作委员会印发《关于做好重庆市建设项目防雷工程质量监督工作移交的通知》(渝防雷委〔1999〕7号),各级建设工程质量监督站将建设项目防雷工程的质量监督管理工作全部移交各级气象主管机构。随后,重庆市气象局会同相关部门对建筑工程、市政工程、易燃易爆场所等项目的防雷设施的设计、施工和验收全面进行规范,并将防雷安全要求纳入发展计划委员会立项批复后告知事项。2000年4月25日,《重庆市防御雷电灾害管理办法》(重庆市人民政府令第78号)出台,全面规范了防雷减灾工作,特别是2001年出台《重庆市规划局 重庆市防雷安全工作委员会 重庆市气象局关于认真贯彻重庆市人民政府令第78号〈重庆市防御雷电灾害管理办法〉和两局一委渝防雷委〔2000〕10号文件精神的具体管理操作程序的通知》(渝规发〔2001〕72号)文件后,重庆市新改扩建建设项目防雷工程全部纳入行政审批。2002年12月6日,《重庆市气象灾害防御条例》施行,防雷减灾工作法治化得到进一步加强。

2. 努力规范防雷减灾技术服务

各省(区、市)相继出台地方防雷技术标准,防雷减灾技术服务工作全面规范。如重庆市质量技术监督局发布《建筑防雷检测技术规范》《电子信息系统防雷检测技术规范》《雷电灾害调查分析与鉴定技术规范》《建筑防雷设计评价技术规范》和《建筑施工施工质量控制与验收规程》等系列标准,全面规范防雷减灾技术服务工作。2001年,财政部和国家发展计划委员会将防雷工程设计评价、防雷装置检测技术服务从行政事业性收费转为经营性服务收费,各省(区、市)发展改革物价部门针对防雷技术服务所涉及的公共安全和公共服务性质,核定了防雷设计技术评价、防雷检测、雷击风险评估和防雷产品测试等防雷技术服务的物价标准,使防雷减灾技术服务纳入公共服务政府定价管理范畴。

3. 推动发展雷电科学与防护技术

在学科发展上,南京气象学院于1999年正式开设防雷专业本科班,并在其他专业增加防雷课程,加强了防雷专业人才的培养。在防雷技术支撑方面,中国防雷信息网于2001年10月正式开通,标志着防雷信息化工作开启;2003年9月,北京低压防雷装置测试中心通过验收,并投入使用,为我国雷电防护产品质量监督管理提供了有效的支撑手段;2004年6月15日,中国气象局首次向全社会发布我国主要城市雷暴日数白皮书。在社会组织推进方面,2002年10月20日—11月1日,中国气象学会雷电防护研究会在上海成立,并举办"首届中国防雷论坛暨防雷产品与技术展览";2004年,全国气象行业标准化技术委员会雷电专业委员会成立,给予雷电防护行业标准化工作有力保障。

(三)改革推进阶段(2007—2011年)

2010年5月,国务院出台了《关于鼓励和引导民间投资健康发展的若干意见》,

强调鼓励和引导民间资本进入基础产业和基础设施、市政公用事业和政策性住房建设、社会事业、金融服务领域、商贸流通、国防科技工业六大领域。但是，随着各地防雷技术服务蓬勃发展，个别地方气象部门利用行政审批权和业务垄断，既当裁判员又当运动员，裁量自由，收费随意，呈现在雷电灾害风险评估、防雷产品测试、防雷装置检测和设计技术评价等防雷有偿服务领域垄断现象，违纪违法问题多发频发。

这个阶段防雷改革，更多体现在规范气象部门的防雷减灾技术服务和管理。如2007年，中国气象局印发《关于严格执行防雷工作"七个严禁"规定的通知》，就防雷减灾管理、服务中的关键环节，通过重申严禁，以督促各级气象部门的社会管理和技术服务人员依法行政、规范服务。2011年，印发《关于加强防雷社会管理工作的意见》（气办发〔2011〕32号），要求各级气象部门充分发挥上级业务技术优势，强化对下指导，促进资源共享，提高集约化程度；建立完善监督、考核机制，不断提高设计技术评价、防雷装置检测以及雷电灾害调查和风险评估等技术服务机构的科技含量和服务质量；加强管理协调，推动防雷产品测试机构充分发挥技术优势，积极为防雷企业提高产品质量、开展技术创新提供平台支撑和专业指导；严禁在防雷技术服务中编造数据、伪造记录或报告。

（四）全面深化阶段（2011年至今）

党的十八大特别是十八届三中全会以来，以习近平同志为核心的党中央，站在党和国家长远发展战略高度，以国家治理体系和治理能力现代化为目标，推动出台了一批有力度、有分量的改革方案，改革力度之大前所未有，抓落实的任务之重、要求之高、压力之大也前所未有。习近平总书记强调，各地区各部门要牢固树立全局意识、责任意识，把抓改革作为一项重大政治责任，坚定改革决心和信心，增强推进改革的思想自觉和行动自觉，既当改革促进派、又当改革实干家，以钉钉子精神抓好改革落实，扭住关键、精准发力，敢于啃硬骨头，盯着抓、反复抓，直到抓出成效。他要求，对中央部署的改革任务，中央有具体要求的，要一竿子插到底，不折不扣落实下去；中央提出原则要求的，要结合实际细化实化，对本地区本部门改革任务，既要抓紧推进、敢于突破，又要立足全局、通盘考虑。新一届国务院按照党中央的统一部署和要求，以转变政府职能为开局，将大力推进行政审批制度改革作为"当头炮"，持续推进简政放权，加大取消和下放行政审批事项的力度。为此，国务院连续出台文件，以空前的力度清理规范行政审批中介服务，为企业减负清障，激发市场活力。2015年4月，《国务院办公厅关于清理规范国务院部门行政审批中介服务事项的通知》（国办发〔2015〕31号），要求对国务院部门行政审批涉及的中介服务事项进行全面清理；此后下发《国务院关于取消和调整一批行政审批项目等事项的决定》《国务院关于第一批清理规范89项国务院部门行政审批中介服务事项的决定》（国发〔2015〕58号）。2016年2月，下发了《国务院关于第二批清理规范192项国务院部门行政审批中介服务事项的决定》(国发〔2016〕11 号),其目标都很明确,就是要彻底破除垄断,清理红顶中介,斩断利益输送链条,体现了国务院坚定推进行政管理体制改革的决心。全国气象部门严格落实国务院的部署和要求,加大工作力度,及时清理规范气象部门行政审批事项和行政审批中介服务,特别是清理规范了防雷行政审批事项涉及的雷电灾害风险评估、防雷产品测试、防雷装置设计技术评价、新改扩建建筑物防雷装置检测等四项中介服务。2016 年 6 月,《国务院关于优化建设工程防雷许可的决定》(国发〔2016〕39 号)要求取消气象部门对防雷专业设计、施工企业的资质许可,以及将气象部门承担的房屋建筑工程和市政基础设施工程防雷装置设计审查、竣工验收许可,整合纳入住建部门工程施工图审查、竣工验收许可,统一由住建部门实施。

2015 年 11—12 月,中央第九巡视组对中国气象局党组开展专项巡视,明确指出了地方气象部门利用行政审批权和业务垄断,既当裁判员又当运动员,裁量自由,收费随意的问题,严肃指出所开展的雷电灾害风险评估、防雷产品测试、防雷装置检测和设计技术评价等防雷有偿服务,与房地产等建筑物能否通过验收直接相关,违纪违法问题多发频发。中央巡视组要求明确和规范行政审批事项取消后的事中事后监管方式,加快清理规范行政审批中介服务;指出各地在防雷服务领域出现的一些违纪违法案件,反映出气象部门的一些单位在防雷服务过程中不能很好地统筹社会效益和经济效益、部门利益和事业发展大局的关系,政事企不分、服务垄断、收费随意等问题,同时也反映了工作定位偏差、体制机制不顺、财务监管不严、干部管理弱化、落实监督责任不够、执纪问责偏宽偏软等深层次原因。

2015 年,中国气象局制定并印发《中共中国气象局党组关于防雷减灾体制改革的意见》,要求全国气象部门按照转型发展、依法履职、放开市场、创新体制的要求,全面推进防雷减灾体制改革。2016 年,气象部门继续把防雷减灾体制改革作为全面深化改革的突破口,着力推动防雷减灾工作的体制机制问题的解决,提出在以下四个方面实现突破:一是在调结构、转方式、促发展上实现新突破,二是在依法履职上实现新突破;三是在破除垄断、开放市场上实现新突破;四是在创新体制机制上实现新突破。防雷减灾体制改革的目标就是通过管理体制和运行机制的改革创新,从根本上扭转创收依赖症,通过政事企分开、管办分离、完善相应财政保障等机制的建立,全面带动和促进气象改革工作。2016 年,中国气象服务协会成立,标志着防雷行业自律管理得到有效加强。

四、我国防雷减灾改革的必要性

(一)政事不分,经营效率较低下

我国气象部门防雷工程技术服务的经营者风险承担意识差,由于政府的政策支持,改进技术、创新管理模式的动力较小,同时也没有外部的竞争压力,从而导致气象部门国有企业大多人事臃肿,经营效率较低。

(二)市场准入等倾斜政策的存在使公平竞争机制的作用无法充分发挥

防雷国有企业在政策支持和保护下,不仅在要素市场享有特别的权利,其他市场主体很难进入该领域,从而在一定程度上损害了市场应有的公平竞争秩序。

(三)防雷减灾体制改革能够产生积极效益

我国防雷减灾体制改革不仅能使防雷减灾社会整体效率提高,也能改善市场竞争不公的现象。

防雷减灾改革是一项系统工程,涉及市场准入、价格、监管、产权、公司治理等多方面,每一项都不可或缺。防雷减灾改革需要有一个整体规划,各方面应相互衔接、相互配合、循序渐进。过去,我国某些行业的改革虽然进行政企分离的尝试,未同步推进配套改革,导致改革的系统性不足,效果不明显。有些行业虽然已经进行了改革,但往往只改革某些方面,竞争仍然不充分,行政权力仍在干涉企业运行,市场机制在资源配置中未能真正发挥作用,这些问题都与我国改革缺乏整体性和系统性是分不开的。因此,防雷减灾改革必须系统规划,整体推进。

五、关于防雷减灾体制改革的几点建议

(一)放松规制是防雷减灾体制改革的方向

早在20世纪70年代末,世界上许多国家就开始了放松规制的改革。自1982年以来,更是进行了大规模的放松规制行动。美国前总统里根也在"12291号总统令"中提到,"除非管制条例对社会的潜在收益超过了社会的潜在成本,否则管制行为就不应该发生"。美国从20世纪70年代开始进行放松规制改革,放松规制改革后,众多企业如获新生,不仅提高了效率,改进了服务,消费者从中受益,而且美国也从放松规制的改革中收益颇丰。此后,世界上其他国家也以美国为模仿对象,开始了放松规制的改革。

在我国,放松规制改革也是大势所趋。规制的原意是为了防止市场失灵带来的不利影响,但并非所有市场失灵的领域都需要政府规制的介入。有时,规制也会产生一系列问题,如规制成本过高、扭曲市场价格、破坏公平竞争的市场环境等。社会性管制涉及居民的环境、健康、安全等方方面面。因此,放松规制是改革的大方向,但在放松规制时也要根据国情判断哪些应规制,哪些应放松规制以及规制的重点等,这样才能使市场最大地发挥优化资源配置的作用,提高整个社会经济的效率。即使是要进行规制,也应以社会性管制为主,减少经济性管制。

(二)防雷减灾体制改革应整体渐进,逐步推进

放松管制是防雷减灾改革的大潮流,但在具体改革实践中还需根据具体情况进行分类改革。根据经济性管制的对象分类,防雷领域可视为准竞争性领域,由于其提供的产品和服务已无法满足人民日益增长的需求。因此,防雷减灾改革应采取两方面的措施:一是保证政府在公共资源分配和使用中的地位,政府依然负责对雷电监测、预报等公共服务的监督和提供预警服务;二是放松进入管制,允许民营资本进入该领域。

"冰冻三尺非一日之寒",防雷的改革又牵扯到多个主体、多个方面,若想在短时间内就完成全方位的改革,绝非易事。防雷改革是一项庞大又复杂的系统工程,因此,在改革模式上,应采取整体渐进的模式,而不能一蹴而就。具体来说,在竞争模式方面,需要在企业业务的规模经济与竞争效率之间进行权衡取舍,采取有效竞争的寡头竞争模式;在价格模式方面,将价格交由市场决定是大势所趋;在监管模式方面,放松监管是改革的大方向。防雷改革内容以及改革进展与约束条件之间互相联系、互为制约,其改革时常是"牵一发而动全身"。因此,在空间上要抓住重点领域、重点问题进行突破,又要进行相互协调、互相配套;在时间上要循序渐进,不可操之过急,要认真统筹规划,积极稳妥地推进改革。

(三)防雷减灾体制改革需要进一步推进法治化

推进法治化,就是要求有完善的法律制度,为防雷减灾改革提供强有力的保障和制度规范。防雷减灾问题既有技术问题,又有制度问题。科学的制度安排是实现可持续发展的关键。保障我国人民生命财产防雷安全的根本出路在于防雷减灾管理制度的创新。

我国的防雷减灾立法工作,各地基于《气象法》的基础上,出台防雷减灾管理条例、管理办法等法规,有力促进防雷安全工作。但是,一方面,防雷减灾立法滞后,主要表现为:一是立法不健全,缺少防雷减灾法规。我国的防雷减灾任务十分繁重,但至今不仅没有颁布《中华人民共和国防雷减灾法》或者由国家最高权力机关——全国人民代表大会通过的或由国家最高行政机关发布的、在名称上以"法"或"条例"命名的法规。各项防雷减灾管理制度都散见于某些政策性、行政措施性的文件中,而且零乱、不系统,不仅大大影响了防雷减灾法律制度的地位,而且影响了其作用的发挥。二是立法内容不完善。近几年来,防雷减灾工作越来越受到社会各方面的重视,有些部门从本系统的角度出发,制定了一些与防雷减灾有关的规定,造成了政出多门和政策多变的后果,出现了规定某一问题和某类问题的不同法规文件之间不协调的现象,给执行者带来很大困难;同时对于雷电科学研究和雷电应急处理等方面规定严重缺乏。三是立法落后于实践。防雷减灾法律制度在某些方面已不适应变

化了的客观形势,防雷减灾工作面临一系列改革,但在有些方面立法没有跟上改革的步伐。另一方面,法律实施中存在的问题。在防雷减灾法律的实施上,仍存在着"有法不依、执法不严"的现象。有的地方不开展防雷安全工作;有的隐瞒灾情不上报;有的发现防雷安全隐患不指出,听之顺之;还有的在管理中违反规定等等。

因此,改革要实现"立法和改革决策相衔接,做到重大改革于法有据、立法主动适应改革和经济社会发展需要"。防雷减灾改革呼唤防雷立法的完善,改革向前发展的每一步,都会促进法律制度的优化创新。改革中成熟的经验和已经被证明为正确的改革成果,需要以立法形式固化下来,从而推动法律制度的发展。与此同时,防雷立法可以保障改革的成果,引领改革的方向。凡是对新的重大问题和重要改革事项立法,改革决策需要与立法决策同步进行,使改革和法律能够准确反映防雷减灾的发展要求,协调利益关系,并推动防雷的可持续发展。

六、结论

防雷减灾体制改革是一项综合性、系统性工作,不仅仅是简政放权、清理规范中介服务、防雷服务市场开放、事中事后监管等方面的问题;涉及机构调整、人事、计财保障等问题;还涉及气象业务服务管理格局,涉及气象机构和职能的调整优化,也涉及广大气象干部职工的切身利益和队伍的稳定;涉及强化依法履职和事业可持续发展等气象改革发展的大局,牵一发而动全身。经过多年改革,取得了很大进步,但由于改革采用的是自上而下的方式,改革不彻底,改革也缺乏系统设计,存在一些不足,如经营效率低下、行政干预不合理、价格机制未完全遵循市场规律以及僭越立法等问题。

目前,改革已进入攻坚阶段,亟待深化,针对存在的问题,防雷减灾改革的方向是放松规制,使市场最大限度地发挥优化资源配置的作用,提高整个社会经济的防雷效率;应完善相关立法,为防雷改革提供强有力的保障和制度规范;应整体推进防雷减灾改革,不可单方面推进而忽视其他相配套的措施;应循序渐进,全面、系统、稳定、深入地推进防雷改革。

第二章　我国《反垄断法》之于防雷领域适用范围问题研究

一、问题的提出

2014 年 5 月 19 日,国家工商总局正式印发《关于集中整治不正当竞争突出问题的通知》(工商竞争字〔2014〕99 号),要求对气象管理部门利用雷击风险评估、防雷装置设计图审核、防雷装置检测等行为迫使他人接受其指定经营者的服务或借机滥收费用等进行限制竞争行为的整治。

2014 年 9 月,某市工商局依据《反不正当竞争法》第三十条"政府及其所属部门违反本法第七条规定,限定他人购买其指定的经营者的商品、限制其他经营者正当的经营活动,或者限制商品在地区之间正常流通的,由上级机关责令其改正;情节严重的,由同级或者上级机关对直接责任人员给予行政处分。被指定的经营者借此销售质次价高商品或者滥收费用的,监督检查部门应当没收违法所得,可以根据情节处以违法所得一倍以上三倍以下的罚款"要求,对该市某区气象局进行行政处罚。

2014 年 11 月,某县工商局对该县防雷安全检测进行了执法检查,按照《反不正当竞争法》第六条"公用企业或者其他依法具有独占地位的经营者,不得限定他人购买其指定的经营者的商品,以排挤其他经营者的公平竞争"和第二十三条"公用企业或者其他依法具有独占地位的经营者,限定他人购买其指定的经营者的商品,以排挤其他经营者的公平竞争的,省级或者设区的市的监督检查部门应当责令停止违法行为,可以根据情节处以五万元以上二十万元以下的罚款。被指定的经营者借此销售质次价高商品或者滥收费用的,监督检查部门应当没收违法所得,可以根据情节处以违法所得一倍以上三倍以下的罚款"要求,以及《国家工商行政管理局关于〈反不正当竞争法〉第二十三条和第三十条"质次价高""滥收费用"及"违法所得"认定问题的答复》(工商公字〔1999〕第 313 号)中的"滥收费用是指超出正常的收费而超过规定标准收取费用,或者不应当收费而收取费用",认定该县防雷中心在提供防雷经营服务性收费中,超过规定标准收取费用的不正当竞争行为。根据财政部、国家发展计划委员会《关于将部分行政事业性收费转为经营服务性收费的通知》(财综〔2001〕94 号)规定,气象部门的有偿服务费转为经营收费后,当事人在没有明确合法的经营服务性收费主体,在其开展经营服务中未提供质价相符的服务事实。故对该县气象局进行处罚。

2015年7月,某市工商局对某区气象防雷中心进行检查,并依据《反不正当竞争法》第七条"政府及其所属部门不得滥用行政权力,限定他人购买其指定的经营者的商品,限制其他经营者正当的经营活动。政府及其所属部门不得滥用行政权力,限制外地商品进入本地市场,或者本地商品流向外地市场"和第三十条"政府及其所属部门违反本法第七条规定,限定他人购买其指定的经营者的商品、限制其他经营者正当的经营活动,或者限制商品在地区之间正常流通的,由上级机关责令其改正;情节严重的,由同级或者上级机关对直接责任人员给予行政处分。被指定的经营者借此销售质次价高商品或者滥收费用的,监督检查部门应当没收违法所得,可以根据情节处以违法所得一倍以上三倍以下的罚款",对该区气象防雷中心进行了处罚。

2015年7月,某县工商局对县气象局防雷技术服务进行了检查,并进行处罚。案件指出:根据财政部、国家计委《关于将部分行政事业性收费转为经营服务性收费的通知》(财综〔2001〕94号)等文件规定,气象部门提供的气象有偿服务,已不再具有政府公共管理和公共服务性质,体现出明显的市场经营服务特征,其收费由行政事业性收费转变为经营服务收费。因此,从当事人事业法人主体或者气象服务经营性质,均适用《反不正当竞争法》。当事人利用设计核准、验收等许可权力,将防雷工程设计评价、施工监审和检测等经营向服务明确由其自己提供,并借此在提供防雷技术服务中只收费不服务或多收费少服务,其行为构成违反《反不正当竞争法》第三十条规定。

上述事件引发了关于我国《反垄断法》在防雷领域如何适用问题的广泛思考。例如,我国《反垄断法》是否适用于防雷领域,政府规制行为是否会影响《反垄断法》的适用范围,我国《反垄断法》适用范围及面临的问题等。因此,《反垄断法》在防雷减灾领域的适用范围研究是与我国现阶段国情相适应的《反垄断法》实施中的一个重要问题。

二、垄断、垄断行业的界定及垄断行业的特征

(一)垄断的含义

垄断是作为竞争的对立面而存在的,表现为对竞争的排除或限制。亚里士多德在其《政治学》中,不仅提到了"垄断"和"竞争",还提出了优胜劣汰的规律。垄断作为一种经济现象,出现于资本主义社会,是竞争的对立物,又是竞争发展的必然结果。列宁也指出:"集中发展到一定阶段,可以说自然而然地走向垄断。因为几十个大型企业彼此容易达成协定;另一方面,正是企业的规模巨大造成了竞争的困难,产生了垄断的趋势。"正如经济学家指出,垄断问题是一个古老的经济学命题。米尔顿·弗里德曼则认为,垄断是"当一个特殊的个人或企业对一个特殊的物品或劳务具有足够的控制力,在很大程度上决定其他个人获得物品或劳务的条件时,垄断就存在"。在

现代经济学上,对垄断的理解,更多的是将其与市场力量、垄断力联系起来。哈佛学派的主要代表人物谢泼德认为市场势力即为市场上的一个或一群参与者影响市场上产品的价格、数量和性质的能力。波斯纳在《法律的经济分析》一书中指出"垄断力量是能将市场价格提高到高于竞争水平的力量。如果市场中只有一个企业,那么它就具有垄断力;如果在市场中有多个企业能通过串通而像一个企业那样行动,那么它们就联合拥有垄断力"。我国最早出现"垄断"一词,是出现在《孟子》中,"必求垄断而登之,以左右望而罔市利",原指站在市集的高地上操纵贸易,后来泛指把持和独占。

关于垄断的概念,在理论界历来存在不同的观点。有的学者从经济学的范畴,认为垄断"意味着人们在商品的生产交换、买卖等商品贸易活动中的独占活动或寡头统治";或认为垄断是指经济活动主体通过激烈的市场竞争形成的对产品的供给乃至于价格进行控制的行为或状态;或认为垄断是指特定经济主体为了特定目的通过构筑市场壁垒从而对目标市场所做的一种排他性控制状态。

(二)垄断行业的界定

1. 产业的界定与划分

经济学通常认为,产业是国民经济中基于共同标准划分的部分的总和,又是具有相同性质企业或组织群体的集合。《辞海》提出,产业是指由利益相互联系的、具有不同分工的、由各个相关行业所组成的业态总称。尽管它们的经营方式、经营形态、企业模式和流通环节有所不同,但是,它们的经营对象和经营范围是围绕着共同产品而展开的,并且可以在组成的业态里的各个行业内部完成各自的循环。产业以企业为组织基础,是若干家企业的集合体。构成产业的企业在市场活动中按照市场供求规律和竞争规律从事生产进行活动,这些活动的总和就表现为产业。从产业发展历史来看,产业种类和结构的变换是随着人类改造自然的能力和人类满足生存发展的需要共同推动的。从原始社会到奴隶社会,再到资本主义社会、社会主义社会,产业经历了从农业到手工业,从工厂手工业到机器大工业,从工业主导到服务业主导的发展历程。在此过程中,产业类型不断丰富,产业结构不断复杂,产业之间的依附性不断增强,由此呈现出不同阶段、不同特色的经济生活乃至于社会生活。这种产业变迁的特征,政策和学术上将其称为由低级向高级发展的产业序列。各国所处的产业序列不同,经济发达程度不同,社会发展程度也不同。罗斯托 1960 年在其著作《经济成长极端——非共产主义宣言》一书中,即将科技水平与产业发展、社会发展等因素有机结合起来,构造了一个产业社会模型。事实上,一个主权国家在社会发展的不同时期,都可能呈现出不同的产业结构。其间,每一个具体产业都因其技术、产品、创新、社会贡献等要素处于产业结构中不同的位置,而产生基础产业、战略产业、主导产业、重点产业、特色产业等各具风格的产业属性。

2. 行业的界定及分类

关于行业划分的标准,主要有全球行业分类标准(global industry classification standard,GICS)、WIND 行业分类系统以及国家统计局颁布的《国民经济行业分类》。我国 2011 年新修订的行业分类国家标准《国民经济行业分类》(GB/T 4754—2011)是由国家统计局与有关部门联合制定的,针对全社会经济活动进行的标准分类,广泛应用于计划、统计、财政、税收、工商行政管理等国家宏观管理及部门管理。《国民经济行业分类》将行业界定为从事相同性质经济活动的所有单位的集合。根据经济活动的同质性,将行业分成了四个层次:门类、大类、中类和小类。在确定经济活动的性质时,按照单位的主要经济活动确定其行业性质。当单位从事一种经济活动时,则按照该经济活动确定单位的行业;当单位从事两种以上的经济活动时,则按照主要活动确定单位的行业。其中小类的同质性最高。

3. 垄断行业的界定

尽管"垄断行业"一词在日常生活中被提及的频率非常高,但人们对垄断行业并没有统一的界定。人们在定义垄断行业时,通常是将一些行业列举为垄断行业。例如,王玲君(2006)将垄断行业定义为"垄断行业主要包括电力、电信、铁路、民航、邮政、城市供水、石油天然气行业、城市公交和城市排污等行业"。有的学者根据垄断的成因,将垄断行业对应地划分为经济垄断行业、自然垄断行业、行政垄断行业。例如,王学庆(2003)将我国垄断行业界定为自然垄断行业和行政垄断行业的集合,其中自然垄断行业包括电力行业、电信行业、铁路行业、民航行业、高速公路、水运港口设施、邮政行业、天然气生产和管道运输、城市自来水、城市燃气供给、城市居民供热、城市排污;行政垄断行业包括石油、成品油、广播电台、无线和有线电视台、烟草专营、食盐专卖。还有的学者借鉴国外垄断行业界定的标准,采用国有化程度和政府行业的管制程度来界定垄断行业。例如,金玉国教授就采用行业国有化程度来计量市场集中度,他认为行业的垄断程度可以用行业国有单位职工人数占本行业全部从业人数的比重来计量,即"行业垄断度=行业国有化比重=行业内国有单位人数/行业全部从业人数"。当行业垄断度≥80%时,为垄断行业;当行业垄断度在 20%~80%时,该行业为垄断竞争行业;当行业垄断度<20%时,即为竞争行业。依据这一标准,采掘业、电力煤气水的生产供应业、金融保险业均属于垄断行业。赵农、刘小鲁(2007)则在贝恩提出的产业集中度标准上,采用国有所有权的集中度来体现政府行业的管制程度,并以此来作为判定一个行业是否属于垄断行业的主要指标,即"国家所有制的集中度=国有控股企业工业总产值/全行业工业总产值"。当国有所有权比重在 75%以上的行业判定为国有垄断结构;比重在 55%~75%的行业为国有寡头结构;比重在 40%~55%为国有垄断竞争结构;比重在 40%以下为国有非集中结构。最终得出国有垄断行业为烟草工业、木材及竹材采运业、石油及天然气开采业、石油加工及炼焦业、自来水生产和供应业、煤炭采选业、电力热力的生产和供应业;

国有寡头垄断行业为黑色金融冶炼及压延加工业、燃气生产和供应业、交通运输设备制造业。

准确来讲,垄断行业并非严谨的法律概念,其内涵和外延从不同视角出发会有不同的界定。尽管"特殊行业"或"管制行业"等概念对于产业分类的描述更为妥帖和准确,但我国特殊行业和受到政府产业管制的行业还是经常被称为"垄断行业"。我国《反垄断法》第七条是以"国有经济占控制地位的关系国民经济命脉和国家安全的行业以及依法实行专营专卖的行业"的提法来界定"垄断行业"的,即垄断行业是指需要执行国家特殊的社会经济政策,关系国民经济命脉、重大民生、国家安全的行业以及依法实行专营专卖的行业。本书所称的垄断行业主要是从垄断行业的特征入手,将满足市场集中度高、市场进入壁垒高、行业整体收入高且受到更多政府管制的行业称为垄断行业。

垄断行业之所以在世界范围内存在,且需政府投入大量财政、精力对其进行规制,自有其合理性,并非人们通常所认为的那样"一无是处"。在我国,垄断行业多为政府管制的行业,大都是国有企业。即使在世界范围内,这也是普遍现象。当然,垄断行业的成因及自然垄断业务存在的合理性都表明,垄断行业的产生与所有制并无任何必然的关联,垄断行业可以由国有资本经营,也可以由私人资本经营。

垄断行业是非严谨的法律概念,其内涵和外延从不同视角出发会有不同的界定。尽管"特殊行业"或"管制行业"等概念对于产业分类的描述更为妥帖和准确,但我国特殊行业和受到政府产业管制的行业还是经常被称为"垄断行业"。我国《反垄断法》第七条是以"国有经济占控制地位的关系国民经济命脉和国家安全的行业以及依法实行专营专卖的行业"的提法来界定"垄断行业",即垄断行业是指需要执行国家特殊的社会经济政策,关系国民经济命脉、重大民生、国家安全的行业以及依法实行专营专卖的行业。

研究我国《反垄断法》在垄断行业的适用范围问题时,需要关注垄断行业的下列特点:其一,垄断行业具有较高的市场集中度甚至具有垄断状态。根据自然垄断理论,这种市场竞争结构是一种合理的垄断。其二,垄断行业具有规模经济性、范围经济性和网络经济性。由于规模经济性,在由单个企业提供所有产出才是最有效的产业中,垄断问题是与生俱来的。范围经济性意味着同时生产两种或两种以上的产品是有效率的,而当企业之间的相互依赖度较高时,交易成本会很高,高交易成本解释了为什么存在范围经济时,通常只有单个企业生产产品。网络经济性是指垄断行业在提供服务时容易形成网络系统,这种网络系统使一定区域内只存在一家企业就足够了,更多企业的存在会是一种资源的浪费。

自然垄断的产生、存在都是客观经济规律作用的结果,是"自然"产生的垄断,也是合理的垄断。垄断业务包括自然垄断业务和竞争性业务。垄断业务具有特殊性,但这并不意味着垄断的所有业务都具有自然垄断性,还存在大量的可竞争业务。例如,防雷减灾领域包括雷电监测预警、预报预测,防雷设备生产供应、工程设计、施工监理、安全检测,雷电灾害调查鉴定、风险评估等多种业务,其中只有雷电监测预警、预报预测属于自然垄断业务,而防雷设备生产供应、工程设计、施工监理、安全检测则属于竞争性业务。垄断的成因以及自然垄断业务存在的合理性都表明,垄断的产生与所有制并无任何必然的关联,垄断可以由国有资本经营,也可以由私人资本经营,政府对垄断的产业规制措施会对《反垄断法》适用范围的界定产生影响,但是在垄断中国有资本经营与私人资本经营的利弊分析及政策选择对《反垄断法》适用范围的界定不会产生任何影响。

(三)我国垄断行业的特征

第一,垄断行业具有较高的市场集中度甚至具有垄断状态。根据自然垄断理论,这种市场竞争结构是一种合理的垄断。垄断行业具有规模经济性、范围经济性和网络经济性。由于规模经济性,在由单个企业提供所有产品才是最有效的产业,垄断问题是与生俱来的;范围经济性意味着同时生产两种或两种以上的产品是有效率的,而当企业之间的相互依赖度较高时,交易成本会很高,高交易成本解释了为什么存在范围经济时,通常只有单个企业生产产品;网络经济性是指垄断行业在提供服务时容易形成网络系统,这种网络系统使一定区域内只存在一家企业就足够了,更多企业的存在会是一种资源的浪费。尽管自然垄断理论处于不断变动之中,但是从其演变过程可知,自然垄断的产生、存在都是客观经济规律作用的结果,是"自然"产生的垄断,也是合理的垄断。

第二,垄断行业具有较高的市场进入壁垒。垄断,就意味着市场进入壁垒的存在。一个行业如果被称作是垄断行业就意味着该行业存在较严格的市场进入壁垒。在产业组织理论中,市场进入壁垒是指如果某个行业具有进入成本,这种进入成本必须由新进入该行业的企业承担,而原有企业却不必,这种成本就构成了进入壁垒。我国垄断行业多为国有企业,民营资本及外国资本很难进入垄断行业,进入壁垒极高,主要是制度性壁垒。在其他垄断行业,尽管我国先后出台了《铁路法》《电力法》《航空法》等特定行业的法律,但民营资本若想进入垄断行业,仍会遇到制度性壁垒。

第三,垄断行业具有较高的行业整体收入。自改革开放以来,我国居民的收入水平不断提高,但行业间的收入差距也越来越明显。与普通行业相比,垄断行业整体收入非常高,大大超出了一般水平,这也是垄断行业的一个特征。

第四,垄断行业具有较强的政府管制。我国垄断行业不仅有市场进入的管制,也有价格的管制,还有行业监管以及对外资、合资企业的建立、业务范围、经营地域的管制,管制的范围十分广泛。我国垄断行业的形成以及垄断壁垒都与政府管制密不可分。

三、《反垄断法》在适用范围内受政府产业规制的限制

垄断经营者作为企业会追求营利性目标,同时要担负提供公共产品以及实现国家经济政策等任务,并不能将营利作为其唯一经营目的,法律法规或政策也往往要求其不能只追求营利性的价值目标,有时甚至需要牺牲企业效益来确保社会整体利益的实现。垄断行业集中在政府产业规制程度比较高的领域,主要表现为在市场准入控制、价格规制等方面的规制。因此,垄断行业本身有专门的法律、法规或者政策对其进行调整和规范。我国《反垄断法》当然要适用于垄断行业,但是其适用范围会因政府产业规制而受到一定的限制。

(一)任何领域不能当然除外适用《反垄断法》

垄断行业存在专门对其进行规制的法律、法规或者政策,但这些与政府产业规制有关的法律、法规或者政策的存在并不意味着该领域获得了豁免适用《反垄断法》的特权。我国《反垄断法》第七条的规定也不意味着垄断行业当然豁免《反垄断法》的适用。防雷减灾领域不是垄断行业,不能当然除外适用《反垄断法》,在是否适用《反垄断法》的问题上不会被特别对待。即使部分地方法规的规制行为同样不代表对反垄断执法机构在该行业的执法权的排除。

(二)豁免适用《反垄断法》必须要有法律法规的明确规定

垄断行业存在豁免适用《反垄断法》的可能性,但必须要有明确的法律规定。如:我国《反垄断法》规定了农业中联合或者协调行为的适用除外制度,即第五十六条规定:"农业生产者及农村经济组织在农产品生产、加工、销售、运输、储存等经营活动中实施的联合或者协同行为,不适用本法。"美国《麦克伦—弗克森法》明确规定,只要保险业受到了州政府的监管,它就不受联邦反垄断法的约束;《克莱顿法》第7条规定,联邦电力委员会、地面交通委员会授权完成的交易,不受反垄断执法机构的审查。日本1947年《禁止私人垄断及确保公正交易法》第21条规定:本法规定不适用于电力事业、煤气事业及其他性质上为自然垄断事业的经营者所实施的其事业所固有的生产、销售或供应行为。因此,只要有法律的明确规定,垄断行业可以获得反垄断法的适用除外。但同时需要注意的是各国法律关于反垄断法适用除外的范围正在逐渐缩小。例如,德国1998年修订《反对限制竞争法》时,删除了原有法律第103条和第103a条关于对电力和天然气适用除外的特殊规定,而且在第130条专门规定"《能源经济法》的规定并不影响第19条和第20条规定的适用",这表明电力和天然气等行业在德国不再是反垄断法适用除外的领域,反垄断法对普通行业经营者垄断行为的规制也完全适用于能源经济部门。从2008年1月1日起,德国邮政市场

完全开放,对这个传统的垄断行业全面适用《反对限制竞争法》。

(三)政府产业规制会使《反垄断法》的适用范围受限

政府产业规制是指为了维护社会公共利益,实现有效竞争和产业发展,由政府相关部门根据法律、法规、规章和政策的规定对经营者的市场经营行为所进行的规制。政府产业规制的措施既包括对市场准入、价格制定等方面的经济性规制措施,也包括对技术、环境等方面的社会性规制措施。反垄断规制更倾向于关注竞争是否受到影响,而政府产业规制更看重社会公共利益或产业发展,因此,很难得出结论认定竞争目标优先于社会公共利益目标或产业发展目标。在美国,当行业主管部门从提高效率的角度出发而允许一些并购或卡特尔行为时,即使遭到反垄断执法机构的指控,法院也仍然以支持行业主管部门的决定为主。事实上,任何法律的适用范围都会受到限制,反垄断法也不例外。例如,"州行为原则"会使美国反垄断法适用州政府行为的范围受到限制,即在州政府的行为符合程序性审查的要求下,反托拉斯法被豁免适用。在 Parker 诉 Brown 案中,美国最高法院也认为,如果该市场贸易方案仅仅是由生产者做出并实施的,则必然违反了《谢尔曼法》的规定。但是,《谢尔曼法》的目的是"禁止私人或企业限制竞争的联合或图谋垄断的行为",而不是"限制一个州或者其官员及代理机构依据该州立法做出的活动"。大多数情形下,政府产业规制与垄断规制并不冲突,但在政府相关部门对产业进行市场准入控制、限定或者控制价格,或者允许经营者从事某些反垄断法通常禁止的行为时,政府产业规制与反垄断规制之间还是会产生一定程度的冲突,而有合法依据的政府产业规制会使反垄断法的适用范围受到一定的限制。

《反垄断法》规制的目标是规制经营者的行为,而不是规制产业主管部门对垄断行业的产业规制行为,除非该产业主管部门的行为构成了"滥用行政权力,排除、限制竞争行为"。政府产业规制具有合理性和合法性的基础,并不与反垄断法必然冲突。美国判例也表明了相似的看法,在 Accord Midland Telecasting 案中,法院认为,旨在促进有线电视市场竞争的管制标准与反托拉斯法的标准之间没有冲突。事实上,反垄断执法机构本身也无权对这些政府产业规制措施进行审查和执法,经营者遵守政府产业规制措施的行为,只要其有充分的法律依据,就可以被推定为不适用反垄断法,或者我们可以称为豁免适用反垄断法的审查。进而也可以认为,政府产业规制的相关法律规定会或明或暗地排除或者限制反垄断法的适用。例如,我国《邮政法》第五条规定"国务院规定范围内的信件寄递业务,由邮政企业专营";第五十一条第二款规定"外商不得投资经营信件的国内快递业务"。尽管从维护竞争和垄断行业改革的视角出发对上述法律规定可能会存在不同的观点,但《反垄断法》不会也无法挑战《邮政法》授权的邮政企业专营业务以及国内信件快递业务禁止外商经营的法律规定的有效性,反垄断执法机构无权也不会对《邮政法》授权的邮政企业专营业务以及国内信件快递业务禁止外商经营的法律规定进行反垄断审查。从这个角度来讲,《邮政法》关于产业规制的法律规定就已经限制了《反垄断法》在邮政行业的适用范围。

四、《反垄断法》在适用范围内不受经营者所有制差异的影响

在新疆维吾尔自治区气象学会反垄断案中,人们不免会关注气象学会的身份是否会影响《反垄断法》的适用。在探讨气象主管机构或者防雷技术机构或者防雷国有企业是否构成滥用市场支配地位的行为时,也会关注它们的事企属性会不会异化《反垄断法》的适用。事业单位或者国有企业性质的单位,其资本全部属于国家所有,并为国家直接控制。事业单位、社会团体或者国有企业强调的是其属性,我国《反垄断法》在规制市场经营行为时遵循平等适用原则,任何单位或者个人在《反垄断法》适用上不应有任何的特殊待遇,也不会对《反垄断法》的适用范围产生任何限制。

(一)政府规制会关注经营者国有性质问题

根据国务院办公厅 2006 年 12 月 5 日转发国有资产监督管理委员会(以下简称国资委)《关于推进国有资本调整和国有企业重组的指导意见》,我国要推进国有资本向重要行业和关键领域集中,增强国有经济控制力,发挥主导作用。重要行业和关键领域主要包括:涉及国家安全的行业、重大基础设施和重要矿产资源、提供重要公共产品和服务的行业以及支柱产业和高新技术产业中的重要骨干企业。尽管我国防雷领域的经营者并不全部是国有性质,但国有经济在防雷领域保持了比较强的控制力,并处于垄断地位是一个客观事实。国有经济要在关系国家安全、国民经济命脉的重要行业和关键领域保持控制力,必然会出现这种现象。因为许多行业的"排头兵"企业是国有企业,提高行业集中度也会出现国有经营者垄断程度提高的问题。正因为国有经营者具有较强的市场力量,所以我国《反垄断法》在研究是否规制、如何规制行业以及政府对产业规制对《反垄断法》适用的影响时,也会关注到国有性质问题。但是我国《反垄断法》实施中不能将垄断行业与国有性质混同,甚至将两者视为一个问题。垄断行业是从产业角度界定的实行特殊的社会经济政策的行业,其市场结构和竞争状况明显区别于充分竞争的非垄断行业。国有性质经营者是从主体角度界定单位属性和所有制性质的概念,其可以是非公司形式的事业单位,也可以采用公司的组织形式,我国垄断行业中国有性质的单位数量较多,规制垄断行业的相关立法会对垄断行业中的国有单位性质进行规范,深化改革在相当程度上也就必须要推进国有经营者改革,但国有企事业与垄断行业并不存在必然联系。随着民间资本不断进入防雷领域,该领域必然会出现越来越多的非国有企业。

(二)反垄断立法未对国有性质经营者有任何特殊规定

尽管我国《反垄断法》第7条和第31条曾经引发过广泛关注,但正如有学者指出的那样,我国《反垄断法》第7条是针对特殊行业所做的专门规定,对第7条最大的误读就是将其解释为《反垄断法》在保护国有企业。第31条虽然出现了"外资""境内企业"等词语,但其是从维护国家安全的视角出发所做的规定,并没有任何所有制视角的思考维度。2011年国务院办公厅《关于建立外国投资者并购境内企业安全审查制度的通知》(国办发〔2011〕6号)和商务部《实施外国投资者并购境内企业安全审查制度的规定》(2011年第53号)构建了我国外资并购的国家安全审查制度,从而使我国《反垄断法》第31条的实施已经独立并脱离了反垄断法的实施工作,进而从另一个角度证明了,我国《反垄断法》的实施不仅不进行"国有"与"非国有"的区分,也不进行"内资"与"外资"的区分。

(三)《反垄断法》平等地适用于所有的经营者

欧盟竞争法特别规定对国有企业和私营企业一视同仁。经济合作与发展组织在其《竞争法的基本框架》"竞争法的适用范围"部分也指出:"竞争法应该被尽可能地运用于所有市场交易,而无论其属于哪个领域;它应被尽可能地运用于所有从事商业性交易的实体,而无论其所有制和法律形式。所有豁免本法的情况都应在恰当的法规中加以严格限定。"真正竞争性的市场,应当是国有和私有经济成分都有机会参与的多样化的竞争性市场,而不是某种经济成分垄断的市场。因此,我国《反垄断法》没有必要也不会做出关于国有企业适用《反垄断法》的特别规定。在经济实践中,我国也应"杜绝政府有关部门基于'父爱'对具体企业运营的干预"而干扰我国建立和发展社会主义市场经济以及推动国有企业改革的根本目的,就是要把公有制与市场经济结合起来,使公有制企业特别是国有企业适应市场竞争的要求,并在市场竞争中发展壮大。有学者指出,在我国国有企业在国民经济中占有主导地位的现实没有发生变化的情况下,如果作为市场经济条件下普遍性行为规则的反垄断法不适用于国有企业,那么这样的反垄断法也就没有什么实质意义了。

在我国市场经济中,既有因在市场竞争中获胜而不断强大的非国有企业,也有因国际竞争力和影响力而受到各国反垄断执法机构关注的跨国企业,还有在国际市场上崭露头角的我国国有企业。国家发展和改革委员会作为价格垄断行为的执法机构,在启动中国电信、中国联通反垄断调查案的同时,也发出了一个强烈的信号,即我国《反垄断法》会平等地适用于所有的经营者。我国反价格垄断执法机构的官员在介绍执法工作时,也提出了"一视同仁"的执法原则。商务部反垄断局官员在"2011年反垄断工作主要情况"专题新闻发布会上回答记者的提问时也谈道:"我国的反垄断执法是公平和公正的,我们不因企业所有制形式不同,而给予他们不同的待遇。就经营者集中而言,我们颁布的一系列配套规则,从经营者申报门槛的设定、经营者申报程序到审查标准,从没有区分企业不同的性质。"因此,我国《反垄断法》在规制国有企业时遵循平等适用原则,国有企业在我国《反垄断法》实施中没有任何特别"优待",企业所有制的差异不会影响更不会限制我国《反垄断法》在垄断行业的适用范围。

五、《反垄断法》在防雷减灾领域的适用范围问题

根据工商部门处罚依据为当地气象部门存在限制竞争行为,并借机滥收费,必须研究关注气象服务主体及其行为是否适用《反不正当竞争法》。根据国务院"三定"方案,工商机关是市场监管和行政执法部门,共有 15 项职能,概括起来就是三个方面:一是市场准入及知识产权确权:企业个体工商户注册(商事登记)、商标注册;二是市场监管:反垄断反不正当竞争、广告、要素市场;三是消费者权益保护。因此,工商部门查处企事业单位涉嫌滥收费是其职责范畴。

(一)防雷减灾服务是否存在限制竞争问题

1. 不正当竞争行为与限制竞争行为

《反不正当竞争法》中对不正当竞争行为定义是指经营者违反本法规定,损害其他经营者的合法权益,扰乱社会经济秩序的行为。主要包括:仿冒行为;误导行为;不正当的利诱行为;侵犯商业秘密行为;限制竞争行为。其中,经营者是指进行商品交易和营利性服务的法人及其他经济组织和个人。《反不正当竞争法》第二条第三款规定,即包括企业和从事了营利性经营行为的事业单位、社团法人甚至政府及其所属部门等。经营者应当从实际市场经济行为进行认定,不能以是否领取营业执照即登记注册的性质,来认定是否是不正当竞争行为的主体。

营利性服务是指以有偿提供劳务、技术、设施、信息、资金、产权及其他利益或条件等为主要特征的经营活动。《国家工商行政管理局关于以贿赂手段承包建筑工程项目定性处理问题的答复》(2000 年 3 月 31 日工商工字〔2000〕第 62 号)扰乱经济秩序具有双重含义:一是实际损害了其他经营者或消费者的权益;一是不正当排挤或限制了一部分经营者的经营资格。

限制竞争行为是不正当竞争行为的具体表现之一。关于《反不正当竞争法》中第六条对限制竞争行为的定义为:公用企业或者其他依法具有独占地位的经营者,不得限定他人购买其指定的经营者的商品,以排挤其他经营者的公平竞争。其中,依法具有独占地位的经营者是指由法律、法规、行政规章或者其他合法的规范性文件赋予其从事特定商品(包括服务)的独占经营资格的经营者。第七条规定,政府及其所属部门不得滥用行政权力,限定他人购买其指定的经营者的商品,限制其他经

营者正当的经营活动。政府及其所属部门不得滥用行政权力,限制外地商品进入本地市场,或者本地商品流向外地市场。

2. 限制竞争行为的主要表现

限制竞争行为的主要表现形式如下:

——限定用户、消费者只能购买和使用其附带提供的相关产品,而不得购买和使用其提供的符合技术标准要求的同类商品;

——限定用户、消费者只能购买和使用其附带提供的相关产品,而不得购买和使用其他经营者提供的符合技术标准要求的同类商品;

——强制用户、消费者购买其提供的不必要的商品和配件;

——强制用户、消费者购买其指定的经营者提供的不必要的商品;

——以检验商品质量、性能为借口,阻碍用户、消费者购买和使用其他经营者提供的符合技术标准要求的同类商品;

——对不接受合理条件的用户、消费者拒绝中断或者消减供应相关商品或者滥收费用的;

——其他限制竞争的行为。

其中,限定是指公用企业或者其他具有独占地位的经营者以强行要求、设置服务障碍、胁迫、推荐、差别待遇等方式强制或变相强制他人去购买其指定的经营者的商品。限定包括三种情况:限定他人购买其自己提供的商品;限定他人购买其下属单位提供的商品;限定他人购买其指定的其他经营者的商品。

3. 防雷减灾是否存在限制竞争行为

气象事业是基础性公益事业,气象防雷服务是气象事业的重要组成部分。气象防雷服务是气象部门根据《中华人民共和国气象法》第三条规定,依法开展的气象有偿服务,但是否存在限制竞争行为,各地根据法律法规要求而不同。如在重庆,《重庆市防御雷电灾害管理办法》(渝府令第 78 号)明确规定市气象行政主管部门所属的市防雷中心和区县(自治县)气象行政主管部门应依法开展气象防雷服务。因此,气象部门依法开展气象防雷有偿服务,就不存在气象部门限制竞争行为的问题。

(二)防雷减灾行为是否属于不正当竞争行为的调整对象

1. 营利性组织与非营利性组织的概念

所谓营利或营利性,是指企业的出资者或股东为了获取利润而投资经营,依法得从所投资的企业获取资本的收益。所谓企业或公司的营利性,是针对其举办者或出资者、股东依法能否从该组织取利而言的,与企业、公司本身是否赢利或盈利无关。同时,如果出资者或股东依章程或依法将其从企业获取的利润用于社会或公益目的,而非私用,则该企业一般而言仍是非营利性的。

营利性组织指经工商行政管理机构核准登记注册的以营利为目的,自主经营、独立核算、自负盈亏的具有独立法人资格的单位,如企业、公司及其他各种经营性事业单位。非营利性组织是指经有权机关登记,按上级有关规定收取一定的费用或有偿提供服务收取费用,纳入财政预算管理的单位,并具有以下特征:一是必须依法成立;二是有必要的财产和经费;三是有自己的名称、组织机构和场所;四是不具有营利性,不以获取利润为目的。其具体表现形式大致分为三类:第一类是行政部门的服务性单位,第二类是行政主管部门与民间资金相结合组成的单位,第三类是自治性的民间组织。

2. 防雷减灾不具营利性,不属于不正当竞争行为的调整对象

由于气象防雷服务属于涉及汛期安全生产、恶劣天气安全生产、气象因素诱发的安全生产和公共安全的重要公益性服务,经营行为不具营利性,不属于不正当竞争行为的调整对象。如某市政府于 1998 年成立了全市防雷安全工作领导机构——市防雷安全工作委员会,并由副市长任主任,同时成立了全市防雷安全技术服务机构——市防雷中心,承担气象防雷服务。多年来,在政府领导下,各级防雷技术服务机构做了大量工作,防雷减灾社会效益极其显著,为减少雷电灾害损失,保护社会公共安全和群众的切身利益做出了重要保障。气象防雷服务涉及公共安全的重要公益性服务,其经营收入除维持开展气象防雷服务工作所需的大量人力、物力的成本开支以及雷电科学研究、雷电监测、预报预警、预警信息发布、雷电灾害调查与鉴定及防雷科普宣传等涉及防雷减灾的基本公益免费服务的经费保障外,主要用于弥补气象事业经费的不足,包括气象职工的津补贴、地方气象灾害监测站的建设维护与维持、人工增雨和防雹、森林灭火等工作,故其经营行为不具营利性,不属于不正当竞争行为的调整对象。

(三)防雷减灾行为是否涉嫌滥收费问题

《国家工商行政管理局关于〈反不正当竞争法〉第二十三条和第三十条"质次价高"、"滥收费用"及"违法所得"认定问题的答复》(工商公字〔1999〕第 313 号)中指出:"滥收费用是指超出正常的收费而超过规定标准收取费用,或者不应当收费而收取费用。"同时,《反不正当竞争法》对滥收费行为的处罚进行规定,第三十条指出:政府及其所属部门违反本法第七条规定,限定他人购买其指定的经营者的商品、限制其他经营者正当的经营活动,或者限制商品在地区之间正常流通的,由上级机关责令其改正;情节严重的,由同级或者上级机关对直接责任人员给予行政处分。被指定的经营者借此销售质次价高商品或者滥收费用的,监督检查部门应当没收违法所得,可以根据情节处以违法所得一倍以上三倍以下的罚款。全国防雷减灾工作各地差异比较大,个别省市也存在滥收费问题。

(四)气象防雷是否为垄断行业的问题

金玉国教授采用的行业垄断度定义垄断标准:行业垄断度＝行业国有化比重＝行

业内国有单位人数/行业全部从业人数。当行业垄断度≥80％时,为垄断行业;当行业垄断度在 20％～80％时,该行业为垄断竞争行业;当行业垄断度<20％时,即为竞争行业。从气象防雷领域的防雷工程来看,不完全属于垄断行业。从防雷装置检测资质分布情况来看,不妨以重庆为例(见表 2.1),气象部门颁发资质比例不足 10％,而气象部门从事防雷设计施工的单位比例更低,显然达不到垄断竞争行业的标准,属于竞争行业。

表 2.1　重庆市防雷工程设计、施工、监理机构统计表

监管部门		设计				施工				监理			
		甲级	乙级	丙级	合计	甲级		乙级	丙级	合计	甲级	乙级	丙级	合计
气象	小计	12	28	31	71	10		32	20	62				
	本地	3	20	31	54	3		20	20	43				
	外地	9	8	0	17	7		12	0	19				
		甲级	乙级	丙级	合计	特级	一级	二级	三级	合计	甲级	乙级	丙级	合计
建设	小计	324	195	135	654	121	1144	4474	3709	9448	122	12	14	148
	本地	95	164	135	394	3	135	4286	3709	8133	70	12	14	96
	外地	229	31	0	260	118	1009	188	0	1315	52	0	0	52
总计		336	223	166	725	1275		4506	3729	9510	122	12	14	148

但是,从防雷装置检测资质来看,作为中介服务机构,80％以上分布在气象部门,应该说属于垄断行为。因此,可以这样说,气象防雷不属于垄断行业,但是检测领域存在垄断现象。其原因有三:一是气象防雷服务技术涉及领域广、专业技术性强,且雷电科学与防护专业全国仅有南京信息工程大学开设,培养的专业技术人才非常缺乏,导致其市场竞争还不成熟。二是地区经济社会发展的不平衡决定了气象防雷服务竞争市场不能形成。由于各地经济社会发展不平衡,区域经济差距决定了气象防雷服务成本差异,若气象防雷服务完全市场化就无法保证贫困地区或者落后地区的防雷安全,致使该地区雷灾安全隐患严重。因此,在气象防雷服务的开展过程中,地区经济社会发展的不平衡决定了气象防雷服务竞争市场不能形成。三是气象防雷服务属于涉及汛期安全生产、恶劣天气安全生产、气象因素诱发的安全生产和公共安全的重要公益性服务,需逐渐开放防雷相关服务市场,并加强监管。

六、结论

气象部门开展防雷服务的主体为非营利性组织,其收益主要用于公益气象事业,不具营利性;同时,防雷服务是气象部门依法开展有偿服务,不存在限制竞争行为。但是针对气象防雷不属于垄断行业,但是检测领域存在垄断现象,要加快开放

市场,强化市场监管。这就要求气象主管部门要尽快组建行业协会,实现"凡是能够通过社会组织和市场调节完成的事项,一律交由社会组织和市场调节";要健全日常监管体系,加强风险防控,完善政策法规,建立长效机制,推动防雷综合治理的常态化;要加强与地方政府和有关部门的沟通协调,将防雷安全工作纳入地方政府安全考核体系;要推进事企分离,建立现代企业制度。

第三章　我国防雷减灾市场准入制度改革法律问题研究

一、问题的提出

我国改革开放已经进入全面深化改革的阶段,深化防雷减灾体制改革成为全面深化气象改革的重要内容。我国的防雷市场具有高度管制的色彩,大部分由国有企业控制,大多数建立在非竞争性市场结构上。国有企业借助被政府授予的经营特权,掌握该行业大部分的市场资源,滥用垄断地位以获得高额的垄断利润,这不仅有碍于市场的有效竞争,也不利于社会资源的优化配置和社会福利的最大化。现行高度管制的防雷市场存在的问题主要表现在以下方面:第一,国有防雷经营的模式无法实现在市场竞争机制下所能实现的效率。由于防雷不存在外部竞争压力,企业内部缺乏追求成本最小化的动力,使实际生产成本通常大大高于按企业能力本应获得的较低成本。许多防雷企业中存在机构臃肿、工作效率低、信息传递效率差等现象,致使传统理论所推崇的规模经济效应难以实现。第二,单一的政府投资渠道往往导致防雷投资不足,导致防雷服务产品的供应量与需求量存在很大的缺口,导致许多企业未能及时得到服务而不能保证防雷安全服务。与此同时,拥有资金和技术的民营资本却在市场外进入无门。第三,防雷市场定价机制失灵,政府管制定价使得价格不能及时反映市场供求关系,出现产品和服务质次价高的情形。第四,防雷企业存在大量的不合理薪酬及寻租腐败现象。因而,随着经济体制改革的深入,社会呼唤防雷改革的呼声愈加强烈,防雷改革已刻不容缓。

党的十八届四中全会要求加快推进改革,激发市场内在动力和活力。然而改革并非一蹴而就,面对经济体制改革的大背景和竞争机制不完善的市场基础,加之政府高度管制造就企业垄断地位的模式,市场准入制度改革可以作为我国各个行业改革的突破口。推进行政审批制度改革,特别是改革市场准入制度,开放竞争性业务,引入市场竞争机制,有利于培育新的市场主体,构建有效竞争的市场结构,实现市场进入自由化,进而推进产权制度、运营制度、价格制度和管理制度的改革。

"概念乃是解决法律问题所必需的和必不可少的工具"。在探讨市场准入制度改革之前,首先需要对"市场准入"的内涵予以明晰,"市场准入"一词产生于第二次世界大战后的关税与贸易谈判中,在国际贸易层面,市场准入即"一国允许外国货物、技术、服务和资本参与国内市场的范围和程度",体现国家根据自己的政治、经济发展情况,通过法律和政策对本国市场对外国开放程度的控制。在我国国内,"市场准入"的含义有所不同。根据研究的侧重点,各学科领域对市场准入存在不同的理解。这里所指的市场准入制度,是在探索行政审批制度改革路径,在市场规制的语境下进行讨论的。尽管市场竞争结构的改革离不开国内市场和国际市场的共同作用,但国际市场准入是以国内市场准入为基础的,且国际市场准入与国内市场准入在一定条件下可以相互转化,所以这里主要在国内法意义上对市场准入的概念进行界定。即市场准入是指政府为实现对市场竞争结构的有效规制,对市场主体进入某一市场从事商品生产经营活动的条件和程序施加限制的制度措施。市场准入,根据不同的标准可以进行多种形式的分类。根据准入要求条件的不同,市场准入可以分为一般市场准入和特殊市场准入;根据资本所有制性质的不同,市场准入可以分为国有资本准入、民营资本准入和外资准入;根据产业环节的不同,市场准入又可以分为上、中、下游的市场准入。

这里对防雷市场准入制度改革的探讨,是以防雷服务市场为例展开的。纵观我国防雷减灾事业发展历史,该领域长期处于政府的高度管制下,实行以国有企业经营、严格限制市场准入体制,政府的有形之手从来没有游离于市场外。正因为防雷长期被高度管制的特殊性,所以防雷市场准入制度改革的探索也具有典型意义。防雷工作具有双重特性。一方面,它与大众生活密切相关,涉及各行各业,其服务价格和服务的波动不仅是经济问题,甚至还会影响社会稳定;另一方面,它也涉及人民生命财产和公共安全,政府需要保障对防雷服务提供的控制。防雷的特性决定了各级政府均重视通过防雷法律制度对其服务提供予以不同程度的规制和调控。

目前,我国的防雷行业处于各个地域分治的格局。因此,我国防雷市场准入制度改革,其核心问题不是民营资本和外国资本进入市场的必要性和可行性问题,而是这些资本以何种方式、在多大范围和程度上进入市场及相应的法律制度设计的问题。具体而言,该行业市场准入制度改革的内容主要包括各环节的开放程度、市场主体进入的条件和程序、进入市场后的监管方式等。

由于防雷各环节业务性质不同,市场结构和竞争状况也存在差异,然而防雷几乎都不对各环节性质加以区分,直接对各环节适用统一的市场准入制度,这恰恰是现行防雷市场准入制度存在的最大问题。因此,阐述这种不区分环节性质的市场准入制度所带来的问题,在对各环节性质加以分析的基础上分别提出改革构想,并从对防雷市场准入制度改革具体思路的设计中总结一般规律,为我国防雷市场准入制度改革提供思路。

二、雷电探测市场准入制度与改革

(一)雷电探测设备使用实行行政许可制度

雷电探测设备主要包括闪电定位系统、大气电场仪、天气雷达、气象卫星、雷电计数器等。雷电探测设备属于气象专用技术装备,其使用应依法实行行政许可制度。

《中华人民共和国气象法》第十三条规定"气象专用技术装备应当符合国务院气象主管机构规定的技术要求,并经国务院气象主管机构审查合格;未经审查或者审查不合格的,不得在气象业务中使用。"第十四条要求"气象计量器具应当依照《中华人民共和国计量法》的有关规定,经气象计量检定机构检定。未经检定、检定不合格或者超过检定有效期的气象计量器具,不得使用。"

《气象行政许可实施办法》(中国气象局令第17号)第十条第四项规定,国务院气象主管机构实施"气象专用技术装备使用许可审批";第七条规定:"气象专用技术装备使用许可应当由生产者提出申请,并具备下列条件:(一)具有法人资格;(二)通过质量管理体系认证;(三)产品满足国家标准、气象行业标准或国务院气象主管机构规定的技术要求;(四)具备与所生产产品相适应的生产、检测、销售、服务等体系;(五)符合国家其他有关规定。"

(二)雷电探测环境保护制度

雷电探测设备主要安装在大气本底站、国家基准气候站、国家基本气象站、国家一般气象站、高空气象观测站、天气雷达站、气象卫星地面站,以及其他气象观测站中,其探测环境保护范围内实施新建、扩建、改建建设工程必须申请和办理避免危害气象探测环境的审批。《中华人民共和国气象法》第二十一条规定:"新建、扩建、改建建设工程,应当避免危害气象探测环境;确实无法避免的,建设单位应当事先征得省、自治区、直辖市气象主管机构的同意,并采取相应的措施后,方可建设。"《气象设施和气象探测环境保护条例》第十七条规定:"在气象台站探测环境保护范围内新建、改建、扩建建设工程,应当避免危害气象探测环境;确实无法避免的,建设单位应当向省、自治区、直辖市气象主管机构报告并提出相应的补救措施,经省、自治区、直辖市气象主管机构书面同意。未征得气象主管机构书面同意或者未落实补救措施的,有关部门不得批准其开工建设。"《新建扩建改建建设工程避免危害气象探测环境行政许可管理办法》(中国气象局令第29号)对在气象探测环境保护范围内实施新建、扩建、改建建设工程避免危害气象探测环境审批的申请和办理进行了规定。

(三)雷电探测市场准入制度改革的建议

随着防雷市场开放,雷电探测设备大量涌现,在社会中使用的大气电场仪、雷电计数器等厂家,目前电力公司采用的大气电场仪、闪电定位仪等都没有进入准入制度。建议对雷电探测设备使用许可进行分类管理,诸如天气雷达等进行许可,而对于闪电定位系统、大气电场仪等探测设备制定相应的技术指标和标准,开放市场,激发雷电探测市场的活力。

三、雷电信息服务市场准入制度

(一)雷电信息服务实行备案管理制度

《气象信息服务管理办法》(中国气象局第 27 号令)第七条规定"国务院气象主管机构应当建立全国统一的气象信息服务单位备案统计与公示制度"。气象信息服务单位应当向其营业执照注册地的省、自治区、直辖市气象主管机构备案,并接受其监督管理。其中,气象信息服务单位是指依法设立并从事气象信息服务的法人和其他组织。

雷电信息服务是气象信息服务的重要内容之一。雷电信息服务,是指雷电信息服务单位利用雷电资料和雷电预报产品,开展面向用户需求的信息服务活动。因此,《气象信息服务管理办法》(中国气象局第 27 号令)适用于雷电信息服务单位,也就是说对雷电信息服务实行备案管理制度。

(二)实行雷电信息服务质量评价制度

《气象信息服务管理办法》(中国气象局令第 27 号)第十二条:"国务院气象主管机构或者省、自治区、直辖市气象主管机构应当按照国家有关规定组织或者委托第三方机构对气象信息服务单位开展的气象信息服务质量进行定期评价,并公示评价结果。"该办法明确了以下三个方面的内容:一是评价准备责任,按照国家有关规定组织或者委托第三方机构对气象信息服务单位开展的气象信息服务质量进行定期评价;二是评价责任,应当将评价结果予以记录;评价结束时,撰写评价报告;三是评价结果公开责任,评价结果应当公开供公众查询。根据《中华人民共和国气象法》、《气象预报发布与传播管理办法》和《气象预报传播质量评价管理办法》等规定,国务院气象主管机构负责组织管理全国的气象预报传播质量评价工作,各省、自治区、直辖市气象主管机构负责组织管理本行政区域内的气象预报传播质量评价工作。评价机构应当在中华人民共和国境内注册、经国务院民政部登记的行业性协会等社会组织或具有独立法人资格的专业评估组织,并具备开展气象服务评价的经历和能力。评价机构应当按照《气象预报传播质量评价方法及等级划分》标准进行评价。气象预报传播质量评价每年至少开展 1 次,评价对象实行随机抽取。国务院气象主管机构或者省、自治区、直辖市气象主管机构应当定期对气象信息服务单位的基本信息、评价内容和评价结果等进行公示,并标注开展质量评价的机构名称。气象预报传播质量评价等级及其相关结果应当纳入气象信息服务单位的信用记录管理。

雷电信息服务隶属于气象信息服务的重要内容,气象信息服务质量评价应当包含雷电信息服务质量评价内容。

四、雷电防护工程市场准入制度与改革

(一)防雷工程设计施工准入制度与改革

2004 年 6 月 29 日,中华人民共和国国务院令第 412 号《国务院对确需保留的行政审批项目设定行政许可的决定》颁布实施,其中第 377 项规定,"防雷装置检测、防雷工程专业设计、施工单位资质认定并由中国气象局和各省、自治区、直辖市气象主管机构组织实施"。2005 年 4 月 1 日起施行的中国气象局第 10 号令《防雷工程专业资质管理办法》第二条规定:在中华人民共和国境内从事防雷工程专业设计或者施工的单位,应当按照本办法的规定申请防雷工程专业设计或者施工资质。经认定合格,取得《防雷工程专业设计资质证》或者《防雷工程专业施工资质证》后,方可在资质等级许可的范围内从事防雷工程专业设计或者施工。另外,第三条明确将防雷工程专业资质分为设计资质和施工资质两类,资质等级分为甲、乙、丙三级。国务院气象主管机构负责全国防雷工程专业资质的管理工作,承担甲级防雷工程专业设计和施工资质的认定工作。省、自治区、直辖市气象主管机构负责本行政区域内防雷工程专业资质的管理工作,承担乙、丙级防雷工程专业设计和施工资质的认定工作。

2011 年 9 月 1 日起施行的中国气象局第 13 号令《防雷工程专业资质管理办法》做了修订,其中第二条规定:"在中华人民共和国境内从事防雷工程专业设计或者施工的单位,应当按照本办法的规定申请防雷工程专业设计或者施工资质。经认定合格,取得《防雷工程专业设计资质证》或者《防雷工程专业施工资质证》后,方可在资质等级许可的范围内从事防雷工程专业设计或者施工。"第三条规定:防雷工程专业资质分为设计资质和施工资质两类,资质等级分为甲、乙、丙三级。国务院气象主管机构负责全国防雷工程专业资质的管理工作,承担甲级防雷工程专业设计和施工资质的认定工作。省、自治区、直辖市气象主管机构负责本行政区域内防雷工程专业资质的管理工作,承担乙、丙级防雷工程专业设计和施工资质的认定工作。2013 年 6 月 1 日起施行的中国气象局令第 25 号《中国气象局关于修改〈防雷工程专业资质管理办法〉的决定》将第三条第二款修改为"国务院气象主管机构负责全国防雷工程专业资质的监督管理工作。省、自治区、直辖市气象主管机构负责本行政区域内防雷工程专业资质的管理和认定工作"。将第十七条修改为"防雷工程专业资质由省、自治区、直辖市气象主管机构委托防雷工程专业资质评审委员会组织评审,评审结果报省、自治区、直辖市气象主管机构。省、自治区、直辖市气象主管机构应当在收到评审结果后 20 个工作日内做出认定,认定通过后报国务院气象主管机构备案,并颁发《防雷工程专业设计资质证》或者《防雷工程专业施工资质证》"。

2016年5月9日,国务院召开全国推进简政放权、放管结合和优化服务改革电视电话会上,李克强总理指出,本届政府已将资质资格认定事项压减44%,在此基础上,今年继续削减国务院部门设置资格比例达到70%以上。2016年6月24日,《国务院关于优化建设工程防雷许可的决定》(国发〔2016〕39号)根据简政放权、放管结合、优化服务协同推进的改革要求,为减少建设工程防雷重复许可、重复监管,切实减轻企业负担,进一步明确和落实政府相关部门责任,加强事中事后监管,保障建设工程防雷安全,清理规范防雷单位资质许可:取消气象部门对防雷专业工程设计、施工单位资质许可;新建、改建、扩建建设工程防雷的设计、施工,可由取得相应建设、公路、水路、铁路、民航、水利、电力、核电、通信等专业工程设计、施工资质的单位承担。同时,要求强化防雷安全监管,落实雷电灾害防御责任。

(二)防雷工程资质管理改革后的建议

2014年以来,国务院多次下发清理规范行政许可文件,并取消相关资质管理。相关部门取消资质管理后的监管主要做法有两种:一是建立自律组织,比如学会或协会,通过抓标准、建立制度,规范行为,促进发展,实现行业自律模式,同时,主管部门加强对自律组织的指导和监督;二是也有个别部门把该种能力归并于其他资质,实现该资质许可取消后的管理。目前气象部门颁发的防雷工程专业资质单位3000余家,其中包含部分设计院和施工企业,其业务覆盖领域达到90%以上行业,包括民航、铁路、交通、通信、水利、工程建设等领域。国务院审改办研究决定取消气象部门对防雷专业工程设计、施工单位资质许可的同时,住房和城乡建设部加快启动了特种防雷资质审批工作。2015年1月31日,住房和城乡建设部印发《建筑业企业资质管理规定和资质标准实施意见》的通知(建市〔2015〕20号)。2015年8月14日,广东省住房和城乡建设厅关于明确建筑业企业特种工程专业承包资质专业技术人员标准的通知,2016年4月18日,《四川住房和城乡建设厅关于明确建筑业企业特种工程专业承包资质专业技术人员标准的通知》(川建审发〔2016〕357号)要求,根据《住房城乡建设部关于印发〈建筑业企业资质管理规定和资质标准实施意见〉的通知》规定"特种工程专业承包资质包含的建筑物纠偏和平移、结构补强、特殊设备起重吊装、特种防雷等工程内容,可由省级住房城乡建设主管部门根据企业拥有的专业技术人员和技术负责人个人业绩情况,批准相应的资质"的要求,特种工程(限特种防雷)专业承包资质,要求具有防雷专业、电气设计、电气工程等中级以上职称人员不少于6人,其中,高级职称人员不少于2人。

根据国务院决定取消气象部门对防雷专业工程设计、施工单位资质许可,新建、改建、扩建建设工程的防雷工程的设计、施工可由取得相应建设、交通、铁路、民航、水利、电力、核电等专业工程设计、施工资质单位承担;要求按照谁审批、谁负责、谁监管的原则,各相关部门要切实承担起建设工程防雷监管责任,采取有效措施,明确和落实建设工程设计、施工、监理、检测以及业主单位在防雷工程质量安全方面的主体责任。为此,引发气象部门防雷面临的问题:

1. 防雷工程资质取消后是否需要对防雷工程设计施工市场进行监管?

20 世纪 80 年代以来,特别是 1989 年 8 月 12 日山东黄岛油库因雷击引发特大火灾爆炸事故以后,我国防雷减灾工作历经了起步、探索和快速发展阶段。防雷工程的资质实行审批以来,防雷工程专业设计施工单位资质认定通过对从事单位的能力的确认,确保防雷工程项目,特别是有效保障了爆炸危险场所防雷工程质量,避免重特大雷击事故发生;同时对于落实防雷工程设计施工单位的主体责任,规范防雷工程市场起到积极作用。

国务院决定取消防雷专业工程设计施工资质行政审批,是顺应当下经济发展新常态和深化行政审批制度改革的需要,也是国务院放宽市场准入、有效激发市场活力的重要举措。防雷专业工程设计施工资质许可取消,不是取消资质,或者说不是取消对防雷工程设计施工的监管模式,防雷工程设计施工的监管模式在防雷减灾中不可替代,且发挥了极大作用,肩负着保障社会公众安全和人民生命财产安全的使命,任重道远。因此,取消政府部门对防雷工程设计施工单位资质的行政审批,并不意味着取消防雷工程设计施工管理模式,放松管理。2016 年 1 月 6 日,习近平总书记在中央政治局常委会上强调,不论自然灾害还是责任事故,其中都不同程度存在主体责任不落实、隐患排查治理不彻底、法规标准不健全、安全监管执法不严格、监管体制机制不完善等问题。防雷减灾工作也不例外,安全责任体系不健全,企业主体责任、行业主管部门监管责任落实不到位。因此,防雷减灾安全工作的监管只能加强,不可削弱,必须按照"谁设计、谁负责;谁施工、谁负责"原则,落实建设项目防雷工程设计施工单位的主体责任。

气象部门必须依法履行《气象法》赋予气象部门的雷电灾害防御工作的组织管理职责,加强防雷工程资质取消后对防雷工程设计施工市场进行监管,也就是说,针对气象部门颁发的防雷工程专业资质单位 3000 余家防雷工程市场主体,需要大力培育并正确引导和规范,否则,市场主体不复存在,管理对象消失,管理职能当然也会被取消。因此,必须进一步加强防雷专业工程管理,改变管理模式,保障防雷减灾公共安全。

2. 防雷专业工程资质取消后如何对防雷工程设计施工市场进行监管?

取消防雷专业工程资质是政府对设计施工单位资质核准做"减法",而行业自身应该对自律管理做"加法"。一是防雷专业工程资质取消后,气象主管部门必须加快推进行业自律组织(学会或者协会)建设,加强指导和监督,通过行业自律来强化防雷工程设计施工质量管理。重点指导行业协会积极探索行之有效的行业监管办法;建立设计施工单位能力评价体系和团体标准,如《建筑物防雷工程设计通用要求》《建筑物防雷工程施工通用要求》《防雷工程设计施工质量评价要求》等,落实防雷工程设计施工单位的主体责任,规范防雷工程市场。同时,不断扩大优秀防雷企业的影响力,在行业内创造公平竞争的环境;规范招投标管理,防止无序竞争;制定行业取费标准,抵制"价格战";建立公平竞争公信平台,激励从业单位和个人遵循科学、公平、公正、规范、诚信的原则。二是取消防雷专业工程设计施工资质许可,必须发文明确:取消防雷专业工程资质许可后,防雷专业工程设计施工不再实行资质管理;已经取得资质的,在有效期满后不再予以延续;自文件印发之日起,不再受理资质申请业务。三是探索防雷工程质量管理工作的新模式、新方法,推进防雷工程设计施工领域诚信体系建设,提高防雷工程市场监管水平和效率;强化防雷市场监管工作,加强对防雷工程建设各方主体从业行为的监督检查,严肃查处违法违规行为,营造公平竞争的市场环境。

五、雷电灾害风险评估市场准入制度与改革

雷电灾害风险评估是指为降低实体和活体等防护对象的雷电灾害风险,以气象、地质、地理等环境资料为基础,根据不同环境分布状况,运用科学的原理、方法和手段,对评估对象可能遭受雷击的概率以及雷击后产生后果的严重程度等进行科学系统地计算与分析,确定风险总量,并从安全和经济合理性出发,提出综合防雷对策措施的一项专业技术工作。

(一)雷电灾害风险评估的发展历程

1995 年,国际电工委员会 IEC 61662 标准的颁布与实施标志着雷电灾害风险评估工作的起步,该标准经历了十五年左右的时间于 2008 年重新修订颁布,更名为 IEC62305-2,其适用范围是地闪对建筑物(包括其服务设施)造成的风险的评估,其内容主要包括建筑物与服务设施的分类、雷灾损害与雷灾损失、雷灾风险、防护措施的选择过程以及建筑物与服务设施防护的基本标准等。国际电信联盟 ITU-T K.39 标准于 1996 年颁布,其名称为通信局站雷电损坏危险的评估,其适用范围是通信局站雷电过电压(过电流)造成的设备危害和人员安全危害的风险的评估,其主要内容包括标准适用范围、危险程度的决定因素、损失、评估原则、有效面积的计算、概率因子、损失因子和可承受风险(允许风险)等。

我国雷电灾害风险评估工作起步于 20 世纪 90 年代末期,如在 2000 年 11 月 6 日,重庆市防雷安全工作委员会、重庆市规划局和重庆市气象局联合签发渝防雷委〔2000〕10 号文件《关于加强建设项目防雷安全工作的通知》中规定:"规划行政主管部门应把防雷安全作为规划方案设计条件、要求之一。根据国家有关规范,重庆地区属高雷发区,因此,特级和一级民用建筑建设项目、工业第一类、第二类防雷建设项目、物资仓库、易燃易爆场所建设项目和有毒有害化工危险品场所建设项目等的建设单位,在建设工程选址和功能区布局时应向气象防雷行政主管部门征询有关建

设项目所在地的大气雷电环境评估意见。"由此,重庆率先开展了雷电灾害风险评估工作(大气雷电环境评估)。随后国家层面以及各地政府陆续出台了相关政策法规,提出开展雷电灾害评估的要求,并加强了雷电灾害风险评估技术标准建设,雷电灾害风险评估在上海、浙江、广东、重庆等地广泛开展,取得了显著的社会经济效益。但同时也出现的某些评估乱象,这说明,评估还需要相关法律法规的管理。

(二)雷电灾害风险评估的政策法规要求

1. 法律

《中华人民共和国气象法》第五章第二十八条规定:各级气象主管机构应当组织对重大灾害性天气的跨地区、跨部门的联合监测、预报工作,及时提出气象灾害防御措施,并对重大气象灾害做出评估,为本级人民政府组织防御气象灾害提供决策依据。第三十四条规定:各级气象主管机构应当组织对城市规划、国家重点建设工程、重大区域性经济开发项目和大型太阳能、风能等气候资源开发利用项目进行气候可行性论证。

《气象法》中没有明确条文提及雷电灾害风险评估,但可从相关条文中延伸解释和取得支持。

2. 国务院行政法规

《气象灾害防御条例》第二章第十条规定:县级以上地方人民政府应当组织气象等有关部门对本行政区域内发生的气象灾害的种类、次数、强度和造成的损失等情况开展气象灾害普查,建立气象灾害数据库,按照气象灾害的种类进行气象灾害风险评估,并根据气象灾害分布情况和气象灾害风险评估结果,划定气象灾害风险区域。第二十七条规定:县级以上人民政府有关部门在国家重大建设工程、重大区域性经济开发项目和大型太阳能、风能等气候资源开发利用项目以及城乡规划编制中,应当统筹考虑气候可行性和气象灾害的风险性,避免、减轻气象灾害的影响。

条例首次在国家级的法规中明确提出进行气象灾害(包括雷电)风险评估的要求,是今后开展雷电灾害风险评估工作的重要法规依据,但该法规没有针对雷电灾害风险评估业务进行详细的规定,需要进一步完善相应的配套法规。

3. 地方性法规

2004年5月青海省西宁市发布《西宁市防御雷电灾害条例》(西宁市人大常委会2004年5月1日发布),这是最早出台的雷电灾害风险评估地方性法规,该法规明确设立了防雷减灾安全评价制度,由建设单位在可行性研究阶段向县级以上气象主管机构申报。

2004年11月26日,《吉林省气象条例》要求县级以上气象主管机构组织当地雷电灾害的监测调查、统计、鉴定及重点项目雷电防护的评估、论证工作。

2005 年 9 月 8 日,《南昌市防雷减灾条例》提出了雷电灾害风险评估制度。

4. 部门规章

《防雷减灾管理办法》(中国气象局 8 号令)第五章第二十七条规定:各级气象主管机构应当组织对本行政区域内的大型建设工程、重点工程、爆炸危险环境等建设项目进行雷击风险评估,以确保公共安全。

《防雷装置设计审核和竣工验收规定》(中国气象局 11 号令)第二章第八条明确提出,申请防雷装置初步设计审核,需要进行雷击风险评估的项目,需要提交雷击风险评估报告。

中国气象局的现有部门规章仅对需要进行雷电灾害风险评估的项目提出了原则要求,并在相关工作环节体现雷电灾害风险评估的作用。但还缺少业务内容、业务机构等具体的、可操作性的规定。

5. 规范性文件

2006 年底,浙江省嘉兴市审议通过了《嘉兴市雷击风险评估管理办法》,该办法是全国首部雷电灾害风险评估政府规范性文件,从开展雷电灾害风险评估的法律依据、监督管理、评估范围、资质管理、收费标准、法律责任等方面做出详细规定。之后,各地政府为有效开展雷电灾害风险评估,明确雷击风险评估工作范围,先后下发了雷击风险评估管理办法。2009 年 11 月 19 日河南省安阳市人民政府下发《安阳市雷电灾害风险评估管理办法》,2009 年 7 月 6 日安徽省滁州市下发了《雷击风险评估管理办法》,2009 年 10 月 26 日江苏省徐州市政府第 24 次常务会议讨论通过《徐州市雷击风险评估管理办法(试行)》,2009 年 11 月 29 日江苏省扬州市下发《扬州市雷击风险评估实施办法》,2009 年 10 月 27 日,广东省韶关市政府下发《关于明确我市开展雷击风险评估工作范围的通知》,对建筑物开展雷电灾害风险评估的范围进行了明确规定等。此外,广东省人民政府办公厅于 2005 年下发的《关于印发广东省危险化学品安全监督管理部门职责的通知》(〔2005〕14 号文)明确规定"广东省气象局负责制定危险化学品场所雷击风险评估办法,组织对雷电灾害风险评估活动的监督检查,并依法承担相应的监管责任"。

(三)雷电灾害风险评估的技术依据

1. 国际标准

国际电工委员会(IEC)和国际电信联盟(ITU)等组织对雷电灾害风险评估做了大量的研究并提出了相应的评估标准。

IEC 61662 和 IEC 62305 是国际电工委员会关于雷电灾害风险评估的标准,其适用范围是雷电对建筑物(包括其服务设施)造成的风险的评估,其内容主要包括建筑物与服务设施的分类、雷灾损害与雷灾损失、雷灾风险、防护措施的选择过程以及建筑物与服务设施防护的基本标准等。

国际电信联盟(ITU)针对通信站的雷电灾害风险评估,制定了《通信局站雷电损坏危险的评估》(ITU-TK.39),适用范围是通信局站雷电过电压(过电流)造成的设备危害和人员安全危害的风险的评估,其主要内容包括标准适用范围、危险程度的决定因素、损失、评估原则、有效面积计算、概率因子、损失因子和可承受风险(允许风险)等。

以下国际标准同样对雷电灾害风险评估具有很好的参考意义:

——IEC 61024 系列(直击雷防护),目前已颁布的 61204-1、2、3 和 1-1、1-2 都是外部防雷标准,但均与内部防雷关联。IEC 61024-2 对高于 60 m 的建筑物提出了防雷的附加条件,IEC 61024-3 对易燃易爆场所提出了附加条件。

——IEC 61312 系列(雷电电磁脉冲防护系列)。

——TC 81 出版(或以草案形式出版)了关于通信线路防雷标准(IEC 61663),雷击损害危险度确定的标准(IEC 61662)和模拟防雷装置各部件效应的测量参数(IEC 61819)等。IEC/TC 37,TC 64 和 TC 77 同期出版的相关标准对 TC81 标准进行了补充和完善。

——IEC 60364 系列(建筑物电气设施)。

——ITU-T K.46 建议:2000 双线金属通信线路的雷电感应浪涌防护。

——ITU-T K.47 建议:2000 金属通信线路的直击雷防护。

此外,其他国家制定的防雷标准,如美国防火协会的《雷电防护规程》(NFPA 780:1992),英国标准的《构筑物避雷的使用规程》(BS 6651:1992),日本工业标准 JIS《建筑物等的避雷设备(避雷针)》等(A 4201-1992),也均提到了雷电灾害风险评估工作。

2. 国家、行业和地方标准

目前,国内雷电灾害风险评估主要技术依据是 GB/T 21714.2—2008《雷电防护 第二部分:风险管理》,由广东省防雷中心作为主编单位转化 IEC 62305-2,2008 年 4 月 24 日发布,同年 11 月 1 日实施。

2006 年,重庆市质量技术监督局颁布实施了由重庆市防雷中心主编的全国第一部雷电灾害风险评估技术标准《雷电灾害风险评估技术规范》(DB 50/217—2006);2007 年,该标准上升为气象行业标准《雷电灾害风险评估技术规范》(QX/T 85—2007);

2004 年 6 月 1 日起实施的《建筑物电子信息系统防雷技术规范》(GB 50343—2004),按建筑物电子信息系统所处环境进行雷击风险评估,确定雷电防护等级。该标准确定的雷击风险评估方法重点考虑了建筑物年预计雷击次数、建筑物入户设施年预计雷击次数以及建筑物电子信息系统中直击雷和雷电电磁脉冲损坏可接受的年平均最大雷击次数。

中国气象局 2000 年 11 月 20 日发布的《气象信息系统雷击电磁脉冲防护规范》

（QX 3-2000），其标准附录 A 给出了"雷击风险评估方法"，适用范围是由雷击电磁脉冲（IEMP）对气象信息系统造成损失的风险的评估，评估的重点是确定年平均直击雷次数和年平均允许雷击次数。这个标准的雷击风险评估方法相对比较简单，评估结构清晰，比较有针对性和实用性。

进行雷电灾害风险评估时，还可根据被评估对象的实际情况，引用其相关行业的有关标准和规范性文件中的条文。具体可参见附录。

（四）雷电灾害风险评估运作模式与改革建议

1. 主要运作模式

（1）将雷电灾害风险评估作为行政许可项目。将开展雷电灾害风险评估设计为强制性制度要求并设立审批项目。如重庆市九龙坡区政府将雷电灾害风险评估工作设置为行政许可项目。再如《西宁市防御雷电灾害条例》（西宁市人大常委会 2004 年 5 月 1 日发布）规定了防雷减灾安全评价制度。根据该法规牵头起草单位西宁市气象局提供的材料，以及该法规规定的防雷减灾安全评价报告书应当包括的内容，可知防雷减灾安全评价制度是以雷电灾害风险评估为核心的。它把所有应当安装防雷装置的设施和场所规定为实行防雷减灾安全评价制度的对象，包括发电设施、变电设施和电力线路及其相关辅助设施等，并由评价对象的建设单位在可行性研究阶段向县级以上气象主管机构申报审批。

（2）将雷电灾害风险评估作为政府内部运转行为。如《南昌市防雷减灾条例》（南昌市人大常委会 2005 年 9 月 28 日发布）建立了富有地方特色的雷电灾害风险评估制度。首先，将雷电灾害风险评估程序设计成政府内部运转的工作流程，由有关部门在组织编制城市分区规划、控制性详细规划时和下达重点建设工程计划前通知所在地气象主管机构进行雷电灾害风险评估，而不是由评估对象的建设单位来申请；其次，规定的评估对象体现了制度设计的重点性和有限目标性。根据南昌市实际情况，将评估对象设计为本行政区域内的城市分区规划、控制性详细规划、重点建设工程。

2. 改革建议

前两种运作模式有利于雷电灾害风险评估的全面开展，无论是作为许可项目或是政府内部运转行为，都属于强制性要求，是项目规划、建设中不可或缺的一个环节。特别是第二种模式，既可避免增加许可的嫌疑，又可确保雷电灾害风险评估制度的落实，还能减少行政管理相对人的负担，体现了服务政府、高效政府的要求。但由于这两种模式均缺少上位法支撑,依靠的是地方政府及立法机关对雷电灾害防御工作的理解和重视,因此,难以在全国各地广泛推广。同时,作为政府强制性行为,雷电灾害风险评估只能被定位为公益性服务项目,不能收取费用,其业务维持经费需要国家或地方政府财政投入予以保证。

第三种模式是目前大多数地方采取的模式,形式较为灵活,可以通过市场解决业务经费的问题,又全面开放了雷评市场,需大力推广。

六、防雷装置安全检测市场准入制度与改革

(一)防雷装置安全检测实行资质管理

雷电灾害是"国际减灾十年"公布的最严重的 10 种自然灾害之一,全球每年因雷击导致火灾、爆炸、建筑物损坏等事故频繁发生,造成的人员伤亡、财产损失不计其数。我国地处温带和亚热带地区,雷暴活动频繁,雷电灾害严重,是世界上雷电灾害危害最为严重的国家之一。党中央、国务院历来高度重视防灾减灾工作,特别是党的十八大以来,习近平总书记、李克强总理等党和国家领导人对牢固树立安全发展理念,切实增强抵御和应对自然灾害能力提出了明确要求。2016 年 1 月 6 日,习近平总书记在中央政治局常委会上再次强调,不论自然灾害还是责任事故,都不同程度存在主体责任不落实、隐患排查治理不彻底、法规标准不健全、安全监管执法不严格、监管体制机制不完善等问题。防雷减灾事关国家公共安全和人民生命财产安全,防雷安全责任体系不健全,企业主体责任、行业主管部门监管责任落实不到位的问题也尤为突出。雷电防护装置检测(以下简称防雷装置检测)是防雷减灾工作的重要管理手段和实现防雷减灾的重要保障。特别是随着改革开放的不断深入,防雷装置检测服务的社会化程度越来越高,规模也会越来越大,随之而来的安全隐患日益凸显。实行防雷装置检测资质管理,有利于建立防雷装置检测责任制,落实防雷装置检测单位的主体责任,提高防雷装置检测能力和水平,最大限度地保障公共安全和人民生命财产安全。

《中华人民共和国气象法》第三十一条明确规定,"各级气象主管机构应当加强对雷电灾害防御工作,并会同有关部门对可能遭受雷击的建筑物、构筑物和其他设施安装的雷电灾害防御装置的检测工作。安装的雷电灾害防护装置应当符合国务院气象主管机构规定的使用要求"。2004 年 7 月,国务院第 412 号令规定,设立防雷装置检测资质行政许可项目,并由有关气象主管机构组织实施。2010 年国务院出台的《气象灾害防御条例》(国务院令第 570 号)第二十四条规定,专门从事雷电防护装置设计、施工、检测的单位应当具备下列条件,取得国务院气象主管机构或者省、自治区、直辖市气象主管机构颁发的资质证。从事电力、通信雷电防护装置检测的单位的资质证由国务院气象主管机构和国务院电力或者国务院通信主管部门共同颁

发。依法取得建设工程设计、施工资质的单位,可以在核准的资质范围内从事建设工程雷电防护装置的设计、施工。《防雷减灾管理办法(修订)》(中国气象局令第24号)第二十条规定:防雷装置检测机构的资质由省、自治区、直辖市气象主管机构负责认定。2016年10月1日起施行《雷电防护装置检测资质管理办法》进一步明确防雷装置检测资质申请条件、资质申请与受理、资质审查与评审、监督管理、罚则等。第二十三条、第二十四条分别对防雷装置检测等防雷行政许可项目做出了相应规定。随着我国经济社会的快速发展,防雷装置检测服务市场不开放、市场机制不健全、缺乏市场活力,检测技术、方法滞后,检测人员素质不高、竞争力不强,检测设备更新不及时,检测覆盖率整体水平不高的问题日趋显现,防雷装置检测服务能力和水平与经济社会发展及人民群众对防雷检测服务的需求不相适应的矛盾日益突出。为了加快推进防雷减灾体制改革,开放防雷装置检测服务市场,优化政策环境,支持和鼓励具有条件的企事业单位和其他社会力量广泛参与防雷装置检测服务,培育防雷装置检测服务主体,激发市场活力,实行防雷装置检测资质管理,有利于规范防雷装置检测服务活动和市场监管。

(二)防雷装置检测市场发展历程

我国防雷装置检测市场发展大致经历了四个阶段:自由市场阶段(1985—2000年)、逐步规范阶段(2000—2004年)、自然垄断阶段(2004—2015年)和依法开放阶段(2016年至今)。

2016年6月19日,《国务院关于优化建设工程防雷许可的决定》(国发〔2016〕39号)要求:规范防雷检测行为,降低防雷装置检测单位准入门槛,全面开放防雷装置检测市场,允许企事业单位申请防雷检测资质,鼓励社会组织和个人参与防雷技术服务,促进防雷减灾服务市场健康发展。同时,要求落实建设工程检测单位在防雷工程质量安全方面的主体责任。2016年10月1日起施行《雷电防护装置检测资质管理办法》彻底打破了部门涉嫌垄断嫌疑,正式开放防雷检测市场。

(三)防雷检测市场改革制度建议

我国是世界上雷电灾害最为严重的国家之一。据不完全统计,仅2009—2013年,雷击伤亡高达2501人。防雷装置检测是排查防雷安全隐患、减轻和避免雷电灾害损失及人员伤亡的重要手段,这就要求必须从制度设计上规范防雷检测活动。

1. 完善防雷装置的定期检测制度

防雷装置安全性能是确保防雷效果的重要指标,其安全性能需要定期进行检测评估。目前,中国气象局在《防雷减灾管理办法》已对防雷装置的检测周期做出了规定,普通建构筑物每年检测一次,易燃易爆场所每半年检测一次。

2. 健全防雷装置检测机构的资质管理制度

建立防雷装置检测资质认定制度是保障防雷装置检测质量,落实防雷安全责任,排查防雷安全隐患、遏制重大雷击安全事故的重要举措。为了加强防雷装置检测管理,规范防雷装置检测行为,维护国家利益,保护人民生命财产和公共安全,从事防雷装置检测的机构必须具备相应的专业技术能力和水平。实行资质管理,有利于保障防雷装置检测质量,确保防雷公共安全和人民生命财产安全。同时,防雷装置检测涉及易燃易爆、有毒有害、人员密集等场所的防雷安全,专业性强。检测机构需具备有一定的电磁、电子、电气、建筑等专业知识,且熟练掌握相应国家标准和规范的专业技术人员,以及专用仪器设备和完善的质量管理体系等,这就须对防雷装置检测机构进行能力确认,实行资质管理。另外,由于防雷检测工作的专业性特点,用户无法有效判断检测结论的正确与否,需要政府监管部门对检测机构进行备案管理,并通过部门监管实现技术标准规范有效贯彻落实,确保检测结论的科学性。若实行市场调节,从事防雷装置检测工作的技术服务机构具有不确定性,必然导致监管对象不确定,更无法全面掌握防雷装置检测机构的业务信息,最终导致无法对检测机构的有效监管。

明确建立雷电防护装置检测资质许可制度的法律依据。《中华人民共和国气象法》第三十一条明确规定:"各级气象主管机构应当加强对雷电灾害防御工作,并会同有关部门对可能遭受雷击的建筑物、构筑物和其他设施安装的雷电灾害防御装置的检测工作。安装的雷电灾害防护装置应当符合国务院气象主管机构规定的使用要求。"2004年7月,国务院412号令设立防雷装置检测、防雷工程专业设计、施工单位资质认定以及防雷装置设计审核和竣工验收等行政许可项目,并由有关气象主管机构组织实施。2010年国务院出台的《气象灾害防御条例》第二十三条、第二十四条分别对防雷装置检测等防雷行政许可项目做出了明确规定。这对防御和减轻雷电灾害、保护人民生命财产安全、促进落实科学发展观以及构建和谐社会具有重要的现实意义。为了全面贯彻落实气象法律法规确立的各项法律制度,需要制定与其配套的规章制度予以完善细化。

——明确防雷装置检测资质管理范围和权限。一是必须明确国务院气象主管机构负责全国防雷装置检测资质的监督管理工作。省、自治区、直辖市气象主管机构负责本行政区域内防雷装置检测资质的管理和认定工作。明确防雷装置检测资质认定主体是各省、自治区、直辖市气象主管机构。二是根据《气象灾害防御条例》的有关规定,明确电力、通信防雷装置检测资质管理办法由国务院气象主管机构会同国务院电力或者国务院通信主管部门共同制定,另行公布。

——明确资质等级、有效期和业务范围。一是要明确资质等级。为了引导和鼓励具有条件的企事业单位和其他社会力量广泛参与防雷装置检测服务,培育和扶持市场主体,将防雷装置检测资质等级分为甲、乙两级,其目的是降低资质准入门槛,开放防雷检测服务市场,尽可能减少等级、缩短时限,让更多的检测机构能够在较短时间内达到甲级的条件。二是要明确了甲、乙两级资质等级的不同业务范围。按照

《建筑物防雷设计规范》(GB 50057)对建(构)筑物的分类可划定了甲、乙两级的业务范围。三是规定资质的有效期。可规定了资质证书有效期为5年。其目的是减轻取得资质的检测单位因许可有效期短带来的频繁评审负担。

——明确资质认定应遵循的基本原则。防雷装置检测资质认定是气象部门实施的一项行政许可事项。为了依法有效实施好这项行政许可事项,防雷装置检测资质的认定应当遵循公开、公平、公正和便民、高效、信赖保护的原则。

——明确资质申请条件。明确资质申请条件的基本宗旨,就是降低防雷装置检测单位准入门槛,全面开放防雷装置检测市场,破除部门垄断,允许社会企事业单位申请防雷检测资质,鼓励社会组织和个人参与防雷技术服务。规范防雷装置检测行为,促进防雷减灾服务市场健康发展。

——明确受理申请的主体是省、自治区、直辖市气象主管机构;明确申请单位应当提交的申请材料。明确申请受理的主体以及是否做出受理决定的要求。

——明确资质认定程序。一要对省、自治区、直辖市气象主管机构受理后,是否指派工作人员进行现场核查做出明确规定。二要对专家库的建立、专家委员会成员的确立、专家评审的方式及其评审结果的审查等做出明确规定。三要对防雷装置检测资质认定的有关要求做出明确规定。

3. 建立防雷装置检测单位防雷检测不良记录"黑名单"管理制度

防雷装置检测单位防雷检测诚信体系建设,有利于有效惩戒防雷装置检测单位防雷检测违法失信行为。建立防雷装置检测单位防雷检测不良记录"黑名单"(以下简称"黑名单")管理制度,要按照分级负责、属地管理与行业指导相结合的原则组织实施。

防雷装置检测单位防雷检测不良记录信息,是指防雷装置检测单位在中华人民共和国辖区内从事防雷检测活动过程中,违反防雷检测相关法律法规和政策规定,各责任主体和从业人员受到行政处罚的信息记录。对于防雷装置检测单位防雷检测不良记录信息中,情节较为严重的,对该单位实施"黑名单"管理。防雷装置检测单位防雷检测不良记录信息"黑名单"管理是防雷装置检测单位防雷检测诚信体系的重要组成。

防雷装置检测单位有以下违法违规行为之一的,纳入全国"黑名单"管理:发生较大及以上防雷安全责任事故的;发生防雷安全事故后,未依法依规报告、组织开展抢险救援或故意破坏事故现场、毁灭有关证据的;拒绝、阻碍负有防雷安全监督管理职责的部门依法实施监督检查的;防雷装置单位存在重大安全隐患,经负有防雷安全监督管理职责的部门依法下达行政指令后,该单位拒不执行的;被负有防雷安全监督管理职责的部门依法处罚的;存在其他严重违反防雷安全法律法规行为,造成恶劣社会影响的。

纳入"黑名单"管理的认定依据:经批复结案的事故调查报告;已生效的人民法

院判决书或者仲裁裁决书;已生效的行政处罚决定书;负有防雷安全监督管理职责的部门对违法违规行为的行政处罚记录;已生效的给予不良行为记录、处理、公示的文件;其他具有法律约束力的文件。

防雷装置检测单位纳入"黑名单"管理的周期为 1 年,以信息记录公布之日起算。在 1 年内连续进入"黑名单"管理的防雷装置检测单位,从第 2 次纳入"黑名单"管理起,管理期限为 3 年。

各级气象主管部门和其他负有防雷安全监督管理职责的部门依据事故调查、安全检查、明察暗访、群众举报等途径,发现和查处防雷装置检测单位的违法违规行为,并对纳入"黑名单"管理的防雷装置检测单位的防雷检测不良记录进行审核、取证,记录基础信息和纳入理由,并将相关证据资料存档,定期向发展改革、工商、安监等单位予以通报以及在相关媒体向社会公开"黑名单"管理的相关信息。

防雷装置检测单位在"黑名单"管理期限内未发生新的符合纳入"黑名单"条件行为的,由该防雷装置检测单位向当地气象主管部门提出核销申请和情况说明。国务院气象主管部门组织相关单位对其情况进行确认后,在管理期限届满后移出"黑名单",于 10 个工作日内向社会公布并通报发展改革、工商、安监等单位。

对纳入防雷检测"黑名单"管理防雷装置检测单位的相关违法违规信息,定期通过中国气象局公众信息网、全国企业信用信息公示系统、信用中国等公众信息平台同步联动管理。发展改革、工商、安监等单位,依据失信企业协同监管和联合惩戒要求等规定,对纳入"黑名单"管理的防雷装置检测单位严格落实相应的惩戒措施。对纳入"黑名单"管理防雷装置检测单位的惩戒措施包括限制参与防雷装置检测招投标、限制取得防雷装置检测资质许可或者延续、限制获得相关荣誉等。在防雷装置检测单位纳入"黑名单"管理期间,各级负有防雷安全监督管理职责的部门应当把纳入"黑名单"管理的防雷装置检测单位作为重点监管对象。

七、防雷市场准入改革需要与其他制度改革相配合

在进行防雷市场准入制度改革的同时,必须清楚地认识到防雷改革是一个系统工程,市场准入制度的构建离不开产权制度、运营制度、价格制度、监管制度等方面的配合,只有这些层面的改革措施相互配合,改革进程相互协调,以系统化的思路来进行改革,才能降低改革风险,保障改革得以顺利进行。

(一)市场准入制度改革与产权制度改革的配合

放开民营资本市场准入、进行混合所有制改革离不开产权制度的变革,只有具有合理的股权结构,民营资本的进入才能真正为国企改革带来"鲇鱼效应"。为实现市场有效竞争,可以通过产权制度改革和监管制度改革强化防雷国有企业之间的独

立性,加强国有企业之间业绩竞争。

(二)市场准入制度改革与运营制度改革的配合

防雷因具有垂直一体化的结构,多采取一体化的运营模式。在市场准入改革中,对于任何希望进入该市场的潜在竞争者来说,必须通过接入某一环节,才能将产品或服务送到最终的消费者手中。由于现有国有垄断企业早已具备了一体化运营的优势,实行垂直一体化经营的国有垄断企业往往通过在自然垄断性业务和竞争性业务间采取交叉补贴战略,达到其排斥竞争的目的。因此,防雷国企运营模式的改革是市场准入制度得以落实的必要保障。

(三)防雷改革与法律制度完善应互动协调

法律制度是市场经济条件下政府介入各个行业改革的重要手段,法律要为改革设计顶层制度。只有建立健全气象改革的相关法律制度,使我国防雷改革进程于法有据,防雷改革的成果才更能得到巩固和认可。在我国改革开放的实践中,普遍存在一种先改革后立法的传统,即经过一段时期的改革,根据改革中取得的经验再制定相应的法律。这种立法思路虽然针对性较强,但由于在改革初期缺乏法律依据和实施程序,就必然会产生大量混乱的现象,也使改革的合法性饱受质疑。事实上,法律制度是市场经济条件下政府介入改革的重要手段,体现政府对各个行业的监管和调控,可以使破除垄断、引入竞争机制发挥重要作用。所以在市场准入制度改革之前,必须加强改革领域的法律制度建设,使我国防雷改革进程有法可依。如《国务院关于优化建设工程防雷许可的决定》(国发〔2016〕39 号),以及根据 2017 年 10 月 7 日《国务院关于修改部分行政法规的决定》修订的《气象灾害防御条例》,这些文件的出台表明我国政府在市场准入改革的法律制度方面已经有所行动,但缺乏强有力的力量推动这些政策得以落实。只有推动气象灾害防御法的立法,才能系统地对我国防雷市场准入制度进行法律构建,市场才有稳定的法律保障,使整个防雷领域拥有明确、透明的市场准入标准,进而推进防雷市场化改革进程。

(四)防雷市场准入与行政审批制度的配合

深化行政审批制度改革是简政放权、推动政府职能转变的突破口和重要抓手,防雷市场准入是行政审批制度的重要组成部分,伴随着改革的推进和行政权力的下放和转移。在这一过程中,需要处理好几个关系。

一是防雷监管责任与能力匹配的关系。随着防雷市场主体的大幅增长,气象部门必须尽快转变监管理念,创新监管方式、提升监管能力。坚持放管结合,在降低市场准入门槛的同时,只有不断加强事中事后监管,才能走出以往那种"一放就乱、一管就死"的怪圈。提升监管责任,不仅要转变长期以来"重事前审批、轻事中事后监督"观念,还要逐步形成与监管责任相适应的监管制度和监管能力。监管能力通常包括组织机构、监管人员、监管手段、经费保障等,只有这些方面实现有机衔接,才能更好地承担监管责任。如果监管能力跟不上,一旦市场和社会秩序受到冲击,就可能影响简政放权的深入推进,甚至导致下放的权利又被收回去。要坚持权责一致的原则;合理把握事前监管与事中事后监管的关系。降低市场准入门槛不是不设门槛,一些最基本的审批业务仍要按相应程序严格把关,但应将监管重心转移到事中事后,使之与事前监管形成全覆盖、跨部门、跨行业的"大监管"合力。

二是防雷行政行为与考核激励的关系。从行政行为模式的适应性看,基层直接关系到简政放权"最后一公里"的效果,与企业主体、老百姓接触也最为密切。全面实行"一个窗口"受理、推进受理单位制、实行办理时限承诺制、编制服务指南、制定审查工作细则、探索改进跨部门审批等,使受审批事项的操作性更加规范和便利,但同时也给从事具体审批的业务部门带来巨大的挑战。比如,"一个窗口"背后如何实现审批环节高效运转,本质上在于如何更好协调同级其他部门,实现部门利益的整体化。从政府考核激励的有效性看,最为重要的是建立基层人员的考核激励机制,从激励和政策的强制性要求两个方面规范基层行为方式和决策过程。现有关于行政审批方面的考核以问责为主,正面激励的制度性安排还有所欠缺。由于传统的官员晋升途径相对狭窄、物质激励又很有限,加之前面所述的能力匹配问题,很容易影响基层政府部门人员的干事激情。如何解决考核激励的有效性问题,特别是能够适应行为模式的转变要求,是深化行政审批制度改革亟待突破的制度性难题。

三是协同并行与责任划分的关系。行政审批容易产生"审批权力部门化",特别是对于多部门共同审批的事项,更应防止部门利益握住不下放或久拖慢放,避免造成审批资源内耗。要围绕同一审批链各环节,加强跨部门统筹协调,整合前置性审批,在项目审批、环境评价、土地预审、风险评估等方面同步下放审批权限,形成部门协同联动。与此同时,要充分考虑关联性因素,梳理各审批事项之间的业务关系、法律关系和逻辑关系,从申请人办事角度确定最优审批流程。此外,还要解决好部门独立、条块分割、信息难以兼容、对接和传输等技术壁垒的问题。

四是利益剥离与能力提升的关系。中介服务连接政府和市场两端,在行政审批环节中处于重要位置,是寻租腐败易发生的灰色地带。实现社会中介组织与行政部门事前脱钩,是行政审批制度改革迈出的重要一步,但剥离后社会中介组织如何更好适应市场需要发展也是亟待研究的重大问题。一方面,要不断完善组织自身建设,提供优质、高效、经济的专业化服务。另一方面,要努力营造良好的市场环境,构建开放、平等、规范的竞争性平台。对于提供中介服务事项的组织而言,关键还是培育公信力和行业自律水平,促使中介服务机构完善治理结构。

五是服务转移与政府购买的关系。《国务院办公厅关于清理规范国务院部门行政审批中介服务的通知》(国办发〔2015〕31 号)针对中介服务环节多、耗时长、收费乱、利益输送严重、垄断性强等问题,分别提出减少环节、破除垄断、切断利益关联、实行清单管理规范收费、加强监管等六个方面的清理规范措施,这些对于进一步清理规范行政审批中介服务,解决好"最后一公里"问题具有重要指导意义。清理规范行政审批中介服务,是实现政府服务事项转移的重要前提,它决定着原有服务事项保留与否。地方政府在建立权力责任清单、转移原本属于市场和社会自主权事项的同时,应加快培育和发展各类中介服务组织,为政府购买优质便捷服务提供坚实保障。政府的职能不再是具体提供某项公共服务,而是公共服务的"购买者"和"监管者"。通过充分发挥市场机制作用,将政府直接向社会公众提供的一部分公共服务事项和政府履行职责所需的辅助性服务事项,按照一定的方式和程序交由具备条件的社会力量承担,政府根据服务数量和质量支付费用。但是,相关制度设计必须保证购买服务合同双方的主体独立,在服务转移过程中避免随意增设服务事项和强制服务收费,或与中介机构形成新的利益共同体。

六是权利依附与平等竞争的关系。"红顶中介",又称为"二政府",他们从政府手中接过认证、审查、评估、收费等审批权限,同时又拿这些到市场中兑现利益,严重影响了中介服务市场的公平竞争,成为一种伴生于改革、寄生于体制并不断蚕食改革红利的"寄生虫"。当前,一些中介服务由于行政垄断和资质数量限制,市场竞争不充分,耗时长、收费高、态度差。特别是涉及相关行业的勘测涉及、检测、评估等服务,通常都是由行政审批机构下属的企业承接,社会上具有同样资质和能力的企业没有机会介入,越往市县一级,符合资质条件的中介机构更少,客观上造成了区域市场垄断,不利于中介机构公平竞争。因此,要从规范审批中介服务事项和强化服务监管职能两个方面,积极营造公平竞争的市场环境。

与发达国家相比,我国中介服务业虽然还有较大差距,但这也是发展潜力所在。只有在法律层面规范中介与政府的关系,逐步建立放权、限权、分权的权力运作与监管机制,才能根治"红顶中介"的越位问题。具体而言,一是如何防止利用职权指定或变相指定中介机构提供服务,使其彻底摆脱对行政部门的权利依附,进而实现中介机构与行政部门的事前脱钩。二是如何科学合理取消各类保护政策和准入门槛,进一步放开中介服务市场,让其他具有同样能力的机构有平等的竞争机会。三是如何稳步推进中介机构产权改革,实现中介机构设置和人事安排的完全市场化,最终建立"市场开放、竞争有序、执业规范、收费合理、服务高效"的服务保障体系。

八、结论

我国防雷存在涉嫌垄断现象,高度管制色彩浓厚。其主要原因是涉及公共安全,国有企业是实施对行业控制力的最有效形式。然而,随着经济社会的发展和经济学、管理学理论的变化,政府认识到尽管国有经济控制关系国民经济命脉的重要行业和关键领域,但并不要求国有资本垄断经营,大多数垄断行业至少是其中的部分环节都可以吸收非国有资本参加。政府对国有资本和民营资本关系的认识在不断深化。实践表明,民营资本的进入将会引发市场的有效竞争,使市场激励机制充分发挥作用,进而促进生产效率和社会分配效率。同时,民营资本进入能够更好地发挥国有资本的功能,通过发展混合所有制经济,扩大国有资本支配范围,提高国有经济的控制能力。

我国现阶段防雷改革的首要目标是构建有效的市场竞争结构,引入竞争的关键是对多元化的投资主体实行非歧视、透明的市场准入标准,这就在客观上需要进行市场准入制度改革。而市场准入制度改革的关键在于区分哪些环节应该允许民营资本和外资进入,哪些领域仍然应该由国有资本控制。现行市场准入制度最大的问题是不区分产业环节的性质而对整个行业实行统一的严格准入限制,所以在探索改革路径之前,首先需要对行业的自然垄断性业务和竞争性业务予以明确的区分,在此基础上才能对各环节分别制定改革方案。对于自然垄断性业务,由于该业务是行业的核心,规模经济非常显著,在相当程度上决定着整个垄断行业的经济效率。因此,自然垄断性业务领域应由少数几家国有企业垄断。当然,为了激活国有企业的竞争活力,实现"鲇鱼效应",也可以允许少数混合所有制企业进入该领域,所以需要为民营资本和外国资本参股营造更多的空间。对于竞争性业务,则应当完全向民营资本和外资开放,并允许他们以各种形式进入市场。全面开放市场,大力培育竞争者。政府部门对新进入者采取一定的扶持政策,推动构建有效的市场竞争环境。

第四章 我国防雷价格制度改革法律问题研究

一、问题的提出

我国防雷技术服务在相当长的时间里,实行着气象一家独大、政事企不分的管理体制。在防雷发展的初期保证国有企事业垄断地位,有利于维护社会利益与国家经济稳定,但随着社会的发展,国有企事业难以焕发新的生命力,在市场化的今天,没有有效的竞争,企事业便缺乏提高效率与创新技术的动力,相关的发展陷入了"瓶颈"期。国家也因此对防雷改革提出了明确的要求:"深化防雷减灾体制改革,引入竞争机制,加强政府监管和社会监督。"但防雷减灾改革并非易事,每一环节都存在着根深蒂固的传统和牵一发而动全身的连带效应,因此,相应环节改革要有的放矢、循序渐进,逐步攻克难关。其中,价格是市场化最有效的调节手段,反映了市场供求与竞争规律,是防雷减灾改革的重中之重,价格制度的改革在一定程度上关系到整个防雷减灾体制改革的成败。因为价格是商品经济运行之灵魂的外在表现,是市场交换的核心要素和敏感因素。防雷减灾市场化改革就是要把握灵魂之所在,正如张守文教授所言:"经济法就是体现价格制度的法,从而具有突出的经济性。"因此,加快推进价格制度改革,完善价格形成、监管机制,使防雷产品或服务的价格能够灵敏有效地反映市场供求关系和资源稀缺程度,发挥价格配置生产资料的基础性作用,调节不同经营主体的利益分配,对于我国经济结构转型、产业升级有着重大意义。因此,本章拟从防雷工程技术服务产业的角度发现问题,提出方案,以期从具体产业研究中发掘共性,以推进防雷价格制度改革。

(一)价格制度改革的理论研究贫乏,争论不断

由于防雷减灾涉及国家公共安全,因此,也有反对改革的声音,认为引入竞争会影响国家安全,动摇公共安全之根基。纵观防雷产业发达国家的历史,各国都不约而同地选择了市场化改革,以适应市场经济与经济全球化的趋势,在不同的节点上进行了或激进或保守的改革方案。因此,反观我国防雷行业发展之困境,在借鉴国外经验的基础上,改革无疑是一条产业复兴之路。在此基础上,有的学者提出在市场准入方面改革,有的提出在监管方面改革,也有的学者分析了现有的防雷服务定

价权分配问题,但是对于整个防雷价格制度的改革却研究甚少,法律角度更是寥寥无几。

不仅如此,对于防雷服务价格制度方面的研究,几个关键问题也亟待解决:第一,众所周知,政府与市场是配置资源的两种基本方式,那么定价权在政府与市场之间究竟应如何分配;是允许经营者完全自主定价,还是固守政府定价、政府指导价的传统;如何平衡市场与政府的价格角色定位。这些有关定价权的主体问题关系到整个价格制度的运行,这个关键性问题至今仍存在较大的争议,尚无定论。第二,价格的监管是单独成立部门抑或是由发改委整体把握监督管理?权力的监管是规范权力正当行使的标尺,权力制衡原则对于价格权力的制约与合法权益的保障都具有举足轻重的意义。因此,明确监管主体是理顺监管关系的关键一步。当前研究学者们仅强调了要加大监管力度,但是对于监管主体及其论证却鲜有问津。第三,防雷立法在防雷改革以来就呼声颇高,对于防雷服务价格制度方面的法律规制亦应是法学界研究的重点,那么防雷服务价格领域哪些问题需要由法律手段解决,需要上升到立法的层面加以规制?学者们都强烈呼吁防雷立法的推进,但是对于立法应在多大、多宽的范围内发挥作用的研究却始终不够深入细致。

(二)价格制度的现实问题突出,呼吁改革

防雷减灾作为我国社会和经济发展中发挥了重要作用,但在日常生活中,防雷产品及服务价格却一直存在涨高降低的现象,普遍民众对于防雷服务价格颇有微词。这是由于我国虽逐渐放开了对防雷服务市场的政府管控,但是对其价格仍旧实行的是政府指导价,防雷服务单位或企业在定价的过程中并不享有完全定价权。由于防雷服务定价过程的不公开、不透明,公众对防雷服务的价格水平存在着很大的质疑,公私之间因价格引起的不理解、不信任使彼此之间的矛盾逐渐加深,各种舆论甚嚣尘上。

解决问题的关键依旧是正确处理政府与市场的关系问题,依旧是定价权在政府与企业之间的配置问题以及经营者自主定价的产品或者服务的领域与范围。除此以外,对于价格形成过程的科学性与透明性的质疑也是制约行业发展的又一大难题,如定价依据与公式是否合理,信息披露是否到位,价格听证制度的优越性是否得到有效的发挥。更深一步而言,由于法治思想在社会上的广泛传播与接受,对于政府的行为缺乏法律依据,权力运行缺少监督机制的现象都广受诟病。要解决这些问题都需要深入挖掘与论证,以扫除在防雷服务价格改革中存在的障碍,厘清改革的思路。

因此,本章旨在从理论与实践方面提出上述问题入手,对防雷价格制度的改革进行深入研究,以法学的视角发现、分析问题,在总结国内经验教训的基础上,结合域外有关实践经验提出相应对策,推动改革步伐与转型发展。

(三)价格制度改革三大问题明确,应着重研究

总结上述理论与实践问题,本章重点研究防雷价格改革中的三大问题,即定价权的配置问题、价格的透明性与民主性问题以及相关的立法呼应问题,这些问题涉及防雷价格改革中的不同层面,包括价格运行的基础、价格运行的保障以及相应的立法建议。

二、我国防雷技术服务价格制度的沿革

回溯我国防雷技术服务价格制度的发展历史,可以在回顾过去的基础上发现历史遗留问题,追本溯源,分析现状及成因,总结经验与教训。整体而言,防雷技术服务价格制度涉及多个领域,如雷电监测、预报服务、防雷技术评价、防雷安全检测等。不同地区的价格运行都有其各自的特点,市场化水平也参差不齐,因而地区之间可能存在着较大的差异。因而,防雷价格制度的历史沿革是一项复杂、庞大的研究课题,涉及领域之广、跨度之大不可能以数言蔽之。因此,本章以防雷工程技术服务作为研究的范例,追溯其价格制度发展演变的历史,把握价格沿革的历史脉络,并由此联系到当下现实中仍然存在的种种问题,在纵向上把握防雷价格制度在不同时期所处的不同阶段及其特点,以及在同一阶段中不同地区的划分及价格运作。

(一)防雷服务价格的变迁

从纵向的时间维度来看,我国防雷技术服务价格制度经历了政府定价阶段、"双轨"并存阶段、"并轨"阶段以及与市场"接轨"四个阶段,现详述如下:

第一阶段:政府定价行政事业收费(1989—2001 年)。各级政府对于防雷减灾管理是相当严格的,加之防雷涉及公共安全,所以防雷价格的制定与调整皆由政府决定。1985 年,发布了《国家气象局、财政部关于气象部门开展专业服务收费及其财务管理的几项规定》(国气计字〔1985〕第 179 号)。1990 年,国家气象局会同财政部对气象部门专业服务收费及其财务管理规定做了补充要求(国气计发〔1990〕179 号),对全国气象部门开展防雷检测技术服务及其对气象事业发展提供了重要支撑。2001 年,财政部和国家计委将防雷工程设计评价、防雷装置检测技术服务从行政事业型收费转为经营性服务收费,各省发改物价部门针对防雷技术服务所涉及的公共安全和公共服务性质,核定了防雷设计技术评价、防雷检测、雷击风险评估和防雷产品测试等防雷技术服务的价格标准,使防雷减灾技术服务纳入公共服务政府定价管理范畴。以重庆为例,1991 年,《重庆市物价局 重庆市财政局关于防雷装置安全检测收费标准的通知》(重价非发〔1991〕105 号),明确市气象局和劳动局在开展防雷装置检测每栋建筑物收费 45 元,住宅减半;批准自检单位抽检比例不超过 10%,收费

按照国家预算外资金管理规定,专款专用并纳入财政专户管理。《重庆市物价局 重庆市财政局关于印发重庆市气象部门行政事业收费规定的通知》(重价非发〔1991〕171号),明确了防雷装置检测服务收费标准,并纳入行政事业性收费。1999年,《重庆市财政局 重庆市物价局关于发布我市气象部门行政事业收费项目的通知》(渝财预外〔1999〕229号)明确将防雷工程设计审核、施工监审、竣工验收及防雷装置安全检测收费为行政事业收费,收取资金纳入同级财政专户,实行收支两条线管理。2000年,《重庆市物价局 重庆市财政局关于重庆市气象部门行政事业性收费标准的通知》(渝价〔2000〕46号),明确了建构筑物每套防雷设施收取检测费45元,设计审核按照工程概算比例累计收费,施工监审按照现场次数收取费用。2001年,《重庆市防雷安全工作委员会 重庆市质量技术监督局 重庆市气象局关于建筑物防雷设施每套说明的通知》(渝防雷委〔2001〕25号)将建筑物防雷设施系统分类和防雷装置分类进行了规范。

　　第二阶段,实行政府定价向政府指导价转变阶段(2001—2015年)。由于改革要求,各地防雷服务价格从政府定价转变为政府指导价。以重庆为例:2001年,《重庆市财政局 重庆市物价局关于执行〈重庆市人民政府关于再公布一批不列为行政事业性收费项目的决定〉的通知》(渝财综〔2001〕9号),将气象部门防雷工程设计审核施工监审费改为经营性收费。同时,重新核定防雷装置安全检测收费为行政事业性收费,见《重庆市物价局 重庆市财政局关于重新核定我市气象部门行政事业性收费标准的通知》(渝价〔2001〕194号)。2002年,《重庆市物价局 重庆市财政局关于对我市气象部门防雷装置安全检测收费有关问题的补充通知》(渝价〔2002〕46号)对防雷装置安全检测费征收范围和减免范围进行了规定,明确经有关部门确认为主城区危旧房改造工程的防雷装置安全检测收费标准减半征收,经济适用房或者其他特殊项目减免5%～20%。2007年,《重庆市物价局关于变更防雷工程设计审核收费项目名称的函》(渝价函〔2007〕200号)将防雷工程设计审核收费项目变更为防雷工程设计评价收费项目。2014年,《重庆市物价局关于公布〈重庆市实行政府指导价或政府定价的涉企经营服务性收费项目目录清单(2014年)〉的通知》(渝价〔2014〕368号)明确了气象和防雷专业服务收费为政府指导价。2015年9月22日,市委常委会审议通过《政府定价目录清单》,已将气象防雷服务收费项目纳入其中。

　　第三阶段,市场定价阶段(2015年至今)。根据2015年10月11日国务院印发的《国务院关于第一批清理规范89项国务院部门行政审批中介服务事项的决定》精神,中国气象局于2015年10月16日下发《关于认真落实国务院第一批取消中央指定地方实施行政审批事项和清理规范第一批行政审批中介服务事项有关要求的通知》,对"建设项目雷电灾害风险评估""防雷产品测试""防雷装置设计技术评价"的清理规范提出明确要求。

　　纵观我国防雷价格的发展历程,不难得出这样一个结论:即我国防雷定价权呈现出逐渐放开的趋势,由政府定价到政府指导价再到最高限价,企业自主性逐步提升。

(二)我国防雷服务价格变迁的启示

总结防雷服务价格制度的发展历史,不难看出其逐渐强调市场主体的自主性与能动性,逐步放开政府对价格的硬性管制,以便发挥价格配置资源,协调利益的基础性作用的趋势。但是现行的价格制度仍存在着诸多问题亟待解决,历史的桎梏仍制约着产业活力的发挥。自新中国成立以来,我国长期实行计划经济体制,强调用行政手段配置资源、分配利益,之后虽着力发展社会主义市场经济,但是旧体制的影响依然存在,传统的制度性因素或行政因素依旧制约着市场体制的改革。防雷领域多是国有企业集中调度的领域,行政手段的影响范围大、程度深,由此造成的阻碍市场开放的毒瘤一时难以根除。然而,考虑到类似防雷服务领域具有自然垄断的性质,价格的制定少不了行政力量的干预,这是合法的,亦是合理的。只是传统的行政不当干预手段在这些方面会多少有所渗透,制约着市场进入的放开,定价权的下放,从而导致了行政垄断与自然垄断交叠不清,难以区分,使得对于某些价格的行政干预手段难以界定。因此,防雷改革中,应明确区分不同环节或者依产品或服务的性质分别进行不同的价格权力(权利)配置,以明确划分政府力量与市场力量的范围,最大限度地发挥市场的能动性与自主性,从而制约行政垄断的产生。

由于定价依据与公示等相关问题不公开,价格听证程序虚化,听证会往往沦为"涨价会",使民众对于价格制定不信任、权力行使不信服,造成权力危机。正是由于对公权力的怀疑与当下市场化思想深入人心,加之行政权力的过多过宽干预,权力寻租风险加大,而价格监管却如"九龙治水",不能对价格问题及时做出有效反应等现象引发众多口诛笔伐,定价权回归市场才受到强烈的呼唤。除此以外,价格政策的制定完全依靠行政机关(现由发改委)"拍脑袋"决定,相关的法律依据相对不充分,防雷价格改革可能沦为权力(权利)战场,上位法不能对权力(权利)的行使加以规制,使得权力(权利)的滥用给市场运行带来极大的隐患。正是由于实践中存在的种种问题,才推动了防雷价格制度的改革,通过改革优化资源与权利配置,提高防雷领域运营效率,推进市场化的进程。

三、我国防雷价格运行的基础——定价权的配置问题

(一)经营者拥有自主定价权的理由及应予限制的原因

1. 经营者拥有自主定价权的理由

经营者拥有自主定价权源于其自主经营的自然权利,遵循着"法无禁止即自由"的私权逻辑。经营者的市场竞争权是经营者作为经济法主体所应当享有的为了追求利益最大化,而根据商品或服务本身以及市场状况实施市场行为的权利,法律法

规若无明确规定,不应受到不法抑或不当的限制甚至剥夺。自主定价权是市场竞争权的衍生物,是经营者自主经营的核心。经营者制定的价格须以市场可销价作为上限,将生产经营成本作为下限,因此其为了获取更多的利益空间,便着力提高效率,改进技术,努力降低生产经营成本。同时实时把握相关市场的供求信息,掌握市场竞争动向,预计市场可销价。对经营者自主定价权的保障,是对其自由的承认,是自然权利的保护,有利于刺激经营者的竞争动力,激发相关市场的活力,使产业萌发勃勃生机,更好、更快地与国际市场接轨。同时,市场经济体制下,价格的资源配置与利益平衡是需要市场根据价值规律与供求关系的变动自行进行的。因为市场经济是一种竞争经济,而价格便是市场竞争的关键因素,市场合理配置资源是以价格职能的发挥为前提条件的,价格能及时有效地反映社会必要劳动时间、供求关系以及资源稀缺程度的变化。因此,经营者自主定价权的行使并非随意、任意,而是要受到价值规律与市场竞争状况约束的。市场上的价格是集合众多经营者与消费者等相关力量之后,相互作用、相互博弈形成的,是在尊重客观规律基础上制定的,因而具有某种程度上的经济理性与公共道德。

2. 自主定价权应当予以限制的原因

由于经营者拥有了自主定价权,其在利益的驱使下,很有可能滥用该权利,采取价格欺诈、低于成本价格倾销等不正当竞争行为,以及价格歧视、价格暴利等价格违法行为。正是这种经济不理性的行为,给保护消费者权益以及统筹社会整体利益带来不良影响。加之源于权利的相对性之法理,自主定价权应当接受合理、适当的限制与规制。防雷国有企业虽然在理论上应该承担相应的社会责任,但是其本质上还是企业,追逐利润最大化仍然是企业的最终目的,放任定价权的行使必然会形成垄断价格,排除相关市场上其他竞争者的参与。当前这种由国家政策导向形成的垄断企业格局在我国一定时期内发挥过积极的作用,但同时也遗留下很多问题。垄断的国有企业在技术层面以及内部管理等方面存在着许多缺陷,其一旦成为市场上的垄断寡头,就极易忽略自身的不足,对价格任意进行劫持、控制,维护自身暴利,肆意进行价格违法行为。同时由于缺乏竞争的激励机制,这些国有企业便缺乏产业更新、技术创新的动力,大大制约了产品质量与服务效果的提升。而且更易导致内部腐败、权力寻租现象频发,危及相关市场的健康运行与产业发展。

另外,防雷减灾涉及国家公共安全,不同于一般竞争性产业的特性都决定了其价格不能放任经营者自主制定,而应当受到合理的限制。

(二)我国防雷定价权制度的问题

首先,政府制定价格的方法不科学,相关计算公式以及概念定义等界定不明确,定价信息不透明。政府制定指导价考虑的相关因素中忽略了供求关系的变化以及环境影响等问题,同时相关因素的定义也不甚明确。例如,"适当利润"、"正常加工利润"等字眼很难被界定,如何算得上是"适当"?怎样才算"正常加工"?这些定义模棱两可,见仁见智,根本不适于要求精准的定价实践需求。相关具体的定价公式仍然没有公布。定价信息披露不到位、信息不透明会导致政府工作缺乏公信力,缺乏公众监督的权力极易发生腐败,影响权力的正常运行与价格措施的实施效果。

其次,我国政府制定指导价时还存在着信息不对称的问题。防雷企业与管制者(包括公众在内)之间存在着严重的信息不对称,主要表现为:成本信息不对称,即防雷企业长期从事相关行业运营,直接参与市场竞争,对于价格成本了如指掌,但价格管制者(现为发改委)对此却可能缺乏充分了解;收益信息不对称,即防雷企业对于相关市场内的用户数量及其构成、市场竞争情况、具体经营中的亏损以及收益等十分清楚,但价格管制者却无法掌握全面和客观的数据;供需信息不对称,即经营者对市场上供给方的产品或服务的数量、质量以及种类等都会有所了解,同时对于市场的现有需求量会实时关注,对未来的需求量也会进行一定程度上的预估以备制定将来的运营计划,因此市场供求关系的信息与之息息相关,了若指掌,价格管制者却很难准确及时了解,且相对缺乏调查、预测的动力,导致信息更加失衡,这样就更加大了政府制定指导价的难度与准确度。

以上价格制定过程中的种种缺陷,究其根源,依旧是定价权分配不合理造成的。正如英国著名经济学家罗纳德·科斯提出的科斯定理所论证的那样,在交易成本为零的情况下,权利的初始配置对经济的运行效率并不会产生影响(在此不考虑公平问题),但现实社会并不存在这种假设,世界的常态是交易成本不为零(即存在正交易成本),此时便强调法律制度或政策选择对权利的初始配置,通过良好有效的权利配置以优化市场资源配置的效率。其首次运用了经济学的交易成本理论分析法律制度对资源配置的影响,强调了权利界定与权利安排在经济交易中的重要性。因此,运用科斯定理的思维方法分析防雷服务定价制度,作者认为,法律对于定价权的配置会对产业资源配置产生重要影响,因此,定价权在政府与市场之间的配置应当考虑市场效率与资源的配置。政府掌握定价权有利于社会的稳定与国家的安全,有利于社会利益及消费者利益的保障。但与此同时,不应忽略行政权力本身的僵化性与政策制定的滞后性,使市场运行中的问题难以及时得到有效解决。政府制定出的价格不能及时有效地反应市场的供求关系与资源稀缺程度,这大大禁锢了产业的发展与市场化的进程。因此,定价权需要重新进行合理有效的配置,尽量让定价权回归市场。

四、我国防雷价格运行的程序保障:透明性、民主性问题

(一)价格运行存在信息不透明、定价不民主问题

信息不透明主要包含经营者信息不透明和政府机构的信息不透明两个方面。前者强调的是在我国申报—审核的定价程序中,经营者向政府提供的信息可能是不

准确、不全面的,进而影响了最终价格的确定;后者则强调政府的定价信息,例如定价公式以及确定价格的因素等方面公布不充分,使公众无法获取相关信息,造成价格信息闭塞。这两个层面的问题都是由于我国的信息公开尚未制度化,现行的信息公开法律、法规只是进行了原则性的规定,而没有明确信息公开的具体程序以及具体内容。同时,对于信息不公开应负的法律责任也付之阙如,缺少统一、权威性的约束与规制机制。这样,不论经营者,或是政府,都不会积极公开充分的信息,而是倾向于积极封闭信息,规避社会监督以及阻碍公众影响管制决策,助长了权力(权利)的滥用,使相关利益人以及公众的知情权受到损害。

定价不民主主要体现在我国政府定价与政府指导价的价格听证制度流于形式,在实践过程中缺乏应有的生命力。我国《价格法》第 23 条原则性地规定了价格听证制度,2002 年 12 月 1 日开始实施的《政府价格决策听证办法》又对该制度进行了一定程度的细化,以解决政府在指导与定价过程中的信息不对称问题,便于社会监督。但由于听证会各方代表实质地位的不平等,价格决策者与听证组织者重合,人员比例结构不合理,实行封闭性、一次性听证以及听证笔录没有明确的法律地位等问题,价格听证缺乏代表性、广泛性与反馈性,导致了该制度的作用可能被架空。

(二)完善信息披露,细化价格听证制度

有效的信息公开可以使权力(权利)运行在阳光之下,这是对价格法治的最基本也是最起码的要求,亦是最有效的保证。因此,建立系统有效的信息公开制度,是制约公权力与保护公民基本权利的有力支持,是政府与市场,市场与公众之间的友好互动,有利于增强政府的公信力,提升政府形象,促进改善政府工作绩效。政治学中的公共选择理论也为价格改革提供了理论依据与研究视角。公共选择学派认为,政治过程本身也是一个交易的过程,行为主体都追求效用的最大化。政府作为公共利益的代理人,其作用是弥补市场经济的不足,并能使各理性经济人所做决定产生的社会效应比政府干预以前更高。民众也并非无偿获取制度利益,而必须支付一定的"对价"。这种"对价"的直接形式就是人们通过选举表达对政府的信任与支持,间接形式便是民众对政府管理行为的遵守与服从。相应地,政府在制定价格制度与政策时,应当反映民众的消费需求,通过完善的信息披露、民主透明的程序、有效的监督管理等制度获得民众的长期支持,从而实现政府利益的最大化。这与亚里士多德提出的"法治"之两重含义有着一定的相似性,即"法治"包含两重含义:已制定的法律应当得到民众普遍服从,而得到普遍遵守与服从的法律本身亦应是制定良好的法律。同理,价格制度方面的改革要获得民众的普遍服从,才能体现改革的必要性与制度的优越性。而改革的制度设计与政策引导亦应反映国内市场供需关系,缓和利益各方的矛盾冲突,价格制定程序上的信息透明、过程民主、决策的集思广益等都要保证政府管制的有效性,进而在价格领域有效配置相关权利(权力),处理好政府与

市场之间的关系。

第一，完善信息披露制度。首先，改革要保证定价基础信息的公开披露。对于防雷企业的相关信息公开可纳入 2013 年公司法修订后建立的全国企业信用信息公示系统，对企业经营一视同仁，做到相关信息透明化，公开一致化。在相关市场有效竞争者增加，市场机制逐渐成熟，并成功过渡到由市场决定价格之后，对所有竞争者都一视同仁，营造自由、公平与透明的市场秩序。不仅如此，为了确保相关企业能够提供真实可靠、全面的信息，应明确其提供虚假信息或者隐瞒信息的法律责任。其次，改革要保证定价程序的公开性。传统的价格信息公开缺少程序保障。因此，定价程序应当予以明确细化的规定，规范价格调整所应履行的相关程序要求，如确定定价程序的适用范围、具体程序操作与相应责任等，将定价程序科学化、民主化与透明化，避免权力的滥用与"暗箱"操作。

第二，完善价格听证制度，彰显"程序正义"这一法治理念，利于"看得见的正义"的实现。价格听证制度有利于政府收集相关信息，听取多方利益者的意见，相较于政府强制收集信息与私人被动提供信息的方式而言，这是一种成本较低且收集信息较为全面的方法。由于听证的过程是公开的，市场参与者之间以及市场竞争者与政府之间进行的信息交流，呈现出各方利益的博弈与妥协，在相互讨论、分析、争取与让步之间最终达成一致意见，体现价格的科学性、透明性与民主性。而且这种动态的过程有利于价格的有效调整，并进一步用实践衡量价格政策与相关法律法规的有效性，促进制度的改良与权力运行的效率，实现帕累托改进。因此，我国应借鉴国外相关听证经验，完善我国价格听证制度。

首先，应保证听证的公正性。例如，美国行政法要求听证会的主持者或裁决者应与当事人之间保持距离，尽量避免职能合一，禁止有关人员之间的私下单方面接触以及利害关系者介入，以实现裁决的独立性、客观性与公正性。反观我国价格听证，价格主管部门是决策部门之一，拥有着重要的定价权，又兼顾价格听证的主持与召开，出现了职能的重合，影响了价格听证的公正性。因此，建立一个独立的听证委员会组织价格听证，将该职能从价格主管部门相剥离不失为一条解决之道。或者可以在现行的行政体制下，明确规定相关人员的中立义务，禁止人员间私下接触与利害关系者介入，并明确违反该义务时所应负的法律责任。

其次，应完善价格听证代表的产生机制。听证代表的产生机制在很大程度上决定了听证会的质量。我国价格听证人员的遴选存在着由政府主导的问题，政府掌握着听证代表选择的主导权，无论是人员的选定，代表人数的确定，还是各方主体的组成比例，都由政府价格主管部门决定，这会影响听证代表的独立性以及各人员代表的利益平衡。因此，在改革中应当建立听证代表公平选拔的机制，公开、公正地从社会各界选取相关利益方代表，或者可以由选拔制改为选聘制，借鉴发达国家的做法，从专业性的社会团体组织中选聘部分代表，如消费者协会等，这样既解决了代表的独立性问题,又能利用组织的专业性来参与论证。同时,应平衡各方参与人员之间的比例,保证消费者以及相关经营者的人员数量,避免人员配比失衡,导致"利益绑架"。

最后,明确并加强听证结果的法律效力。我国关于听证结果的效力规定主要体现在《政府价格决策听证办法》第二十六条,此条文虽对该问题有所提及,但是听证结果的效力却不甚明确。"充分考虑"的程度如何?"认为有必要"的情况又有哪些?再次举行听证会后听证结果效力又如何?这些问题至今仍未得到相关机关的解释。

从国外的情况来看,各国行政程序法规就听证结果对行政机关最终决定的约束力,都有着明确的规定。例如,美国《联邦行政程序法》第五百五十六条规定:听证笔录、证物以及在该程序中提出的全部文书和申请书是做出裁决的唯一案卷,由此确立了美国听证制度的案卷排他性原则。该原则要求行政机关必须将听证会的案卷作为其做出决定的唯一依据,而不能在案卷之外,以当事人不知晓或没有经过听证会讨论论证的事实为根据。虽然我国的听证会存在着听而不证、听证结果的效力被架空等问题,但目前我国的价格听证制度仍不适于确立案卷排他性原则。由于各方代表都会努力维护其所代表的利益,很多意见都不可避免地具有价值判断与个人感情色彩,消费者会极力主张价格下跌,经营者则要求价格的提升,这样相对立的意见是不可能完全作为决策依据的。不仅如此,我国听证代表相对欠缺对于市场的分析能力,专业水平较为有限,独立性与相关素质都有待提高,不能像发达的市场化国家那样完全由代表意见决定价格的走向。因此,适合我国国情的改革方法是明确并加强听证结果的效力,使其作为民主讨论的结果体现在价格制定中,如规定政府通过举行听证会来论证政府定价与政府指导价的科学民主性,在制定最终价格时,除了要求对价格结果进行公示外,亦应公开其对听证会结果的取舍,由公众对听证结果的采用程度进行监督,有效避免价格听证制度流于形式,加强价格制定的公信力。

综上所述,价格听证制度着眼于政府定价与政府指导价,对市场调节价的环节影响不是很大。但是对于信息披露制度,结合垄断行业本身的特殊性,许多产业都与民众的日常生活息息相关,同时也涉及国家安全、社会稳定等重大问题。因而,无论是政府主导的价格制定还是市场主导的价格形成,都要完善相关信息的披露,确保价格的透明度,使相关消费者不仅知其然,并且知其所以然。

五、我国防雷价格制度改革的法律回应

(一)价格制度存在立法供给不足的问题

截至目前,我国防雷价格规制主要依靠行政手段,由行政手段直接干预价格的形成与管理,从而导致了我国重政策、轻法律的思维误区,造成防雷立法缺位或立法不健全的现实困境。例如,现行的防雷管理主要体现在以《气象法》为主体,国务院颁发的《气象灾害防御条例》仅为部分规定中,未形成法律的完整体系,规范空白较多。对于防雷价格的规制则依靠国务院及其各主管部门发布的规定,《价格法》的规范作用由于缺乏产业针对性与专门性而显得极为有限。在市场化浪潮不断翻涌的当今社会,缺乏法律依据,行政手段盛行的做法在调整手段与规制效果方面都具有短线性、暂时性,价格规制作用的传导缺乏长期效应,影响行业规制的稳定性、系统性与有效性。不仅如此,行政手段的直接频繁干预,极易陷入个人主义的旋涡中不能自拔,高度依赖决策者自身的专业素质水平与判断能力,却缺乏相应必要的权力制约与稳定的规范性文件进行有效制衡。另外,由于我国现行防雷相关法律规定散见于建筑法或者相关的条例、规章或地方性法规中,但缺少统领这些法规的更高位阶的立法,价格规制亦缺乏针对性与专业性。各种规范性文件之间极易发生冲突,文件之间由于衔接不到位亦造成规制的空白,使一些问题难以得到及时有效的解决与调整,动摇了法律的权威性与稳定性,也影响了产业的发展。

(二)价格制度完善的相关立法建议

既然要制定综合性的行业立法,以便在相关产业进行统一有效的法治管理,那么,价格作为其中的重要组成部分,价格制度的法律规制更应当谨慎分析,合理进行。

第一,对于定价权问题的法律规定可暂时放缓。因为我国仍处于市场化改革的初期,相关市场内的竞争还不完全,在市场准入机制尚不成熟的前提下,哪些环节可以放开价格管制,哪些环节不能放开还处于不断变化发展的过程中,所以权力不能过急过早地下放,权利也不能过快过大地赋予。加之立法是个漫长的过程,从立法建议的提出到法律起草再到法律的审议通过,需要诸多实体与程序方面的要求与配合,国家为了保证法律的稳定性,一旦法律作出规定,修改法律会显得愈加困难。因此,法律的规定就不能一蹴而就、"一刀切"地盲目规定实行市场定价,也不宜过于墨守成规,仍对政府的定价权过于看重。

第二,价格立法应当对价格信息公开与价格听证等影响价格制定的透明性与民主性的问题加以明确规定。相关制度的构建和完善应当对公开信息的范围、程序、方式、责任承担、价格听证代表的产生机制、裁决者的中立性和独立性以及听证结果的效力等进行具体规定,以弥补现行《价格法》的缺陷,实现法律间的有效互动。同时,《价格法》作为专门规制我国价格的综合性法律,无须也无法对特定行业的价格做出特别的规定,而最好由各个行业法对价格问题进行规定,并注意立法与《价格法》的协调互动。

第三,构建与价格相关的法律制度。域外很多国家都没有单独制定价格法,对于价格的规定都散见于相对独立、专门的产业立法中。但是,我国的法治土壤并不完全与国外相同,法律体系与法律传统都有着本土化的特点,在许多问题上虽然可以借鉴发达国家的做法,但是也要考虑到我国的实际情况与实践的可行性。

同时,要改革先立法的思路有必要贯穿于整个垄断行业的价格制度改革中。对于涉及行业定价权、价格信息公开与价格听证、产业监管机关、相关制度配合等都应当由法律先行做出相应的规定,提供权威性的法律依据。明确划分市场与政府的价格权力(权利)界限,细化价格公开与听证程序的具体规定,增加法律的可操作性,赋予独立的产业主管机关应有的法定地位,明确其职能范围与责任追究等问题。

六、结论

我国防雷价格制度的改革面临着三大问题:定价权在政府与市场间的平衡问题、价格透明性与民主性的问题以及相应的立法完善问题。这些问题之间的逻辑关系是环环相扣、层层呼应的。定价权的赋予涉及价格的形成、权利的配置等实体性基础问题,是价格改革的首要方面与需要攻克的难关;在价格制定过程中的信息披露与听证制度涉及价格形成的程序性问题,有利于定价的科学性、民主性与透明性,是改革的程序保证;在价格运行过程中需要有效的监管来为价格的实施保驾护航,监测、调控价格的合理运作并贯穿垄断行业价格改革的始终。最后,将上述提及的种种问题在立法上加以呼应,提出相关立法建议,将价格改革的指导方针与具体措施上升到立法的层面。

关于定价权在政府与市场间的平衡问题,本章提出合理划分行业不同阶段,根据各环节的不同属性进行配置,对于不具有自然垄断属性的环节,定价权应逐渐放开并最终回归市场。由于改革不仅仅是静态的权利(权力)配置过程,更是一个动态的过程,对防雷相关价格改革要分阶段进行,循序渐进地将市场化向前推进。同时对价格制度的改革需要完成对相关产业竞争结构的逐步优化与配套制度的协同,此时又强调了市场准入制度的呼应,力求培育出更多有力竞争者进入相关市场,在充分市场竞争后形成价格,政府却更要关注对价格的监控,应在放权的同时,更加注重对价格的监管及在相关市场上有力竞争者的培育,真正实现"放权"与"监管"的有机统一,由价格"直接干预者"的角色定位转换为重视价格监督与调控职能的"理性旁观者",充分激发市场自身的能动作用。

关于价格透明性与民主性的问题作者认为,无论是政府主导的价格制定还是市场主导的价格形成都要保证定价基础信息的公开披露和定价程序的公开性,确保价格的透明化,保障公众知情权。而关于价格听证制度,则要明确规定相关人员的中立义务,禁止人员间私下接触,并明确违反该义务时所应负的法律责任。并且应当建立听证代表公平选拔的机制,公开公正地从社会各界选取相关利益方代表。同时,平衡各方参与人员之间的比例,并对专家学者的听证地位加以明确。最重要的是要加强听证结果的法律效力,相比案卷排他性原则,更适合我国国情的改革方法是规定当政府通过举行听证会来论证政府定价与政府指导价的科学民主性。在制定最终价格时,除了要求对价格结果进行公示外,亦应公开其对听证会结果的取舍,由公众对听证结果的采用程度进行监督,有效避免价格听证制度流于形式,加强价格制定的公信力。

当然,价格制度的改革最重要的是强调改革应以立法先行,实行"一行业一部法,一行业一机关"的法律规制思想对于现行的《价格法》等法律的存续,改革应强调的是在具体问题具体分析过后对现存法律体系的查漏补缺与协调对接,并非全盘否定与推倒重来。同时,对于政府在改革中的角色定位与职能界定等问题都要有法可依,遵循"法无允许即禁止"的公法思维,将政府的价格职能置于法律的辐射范围内,受到有效、有力的法治化规范与限制,以切实维护相关市场内经营者的定价自主性与能动性。

"中国的法治之路必须注重利用中国本土的资源,注重中国法律文化的传统和实际。"价格改革不能急功近利、一蹴而就,而应该审时度势,注意改革的时点选择与渐进性特征。价格改革的难点与重点是如何处理好保证物价稳定、促进经济增长与调整市场结构之间的关系。价格制度的改革应谨慎选择时点逐步推进改革,平衡局部与整体利益、短期与长期利益、经济与社会利益,保持改革的连续性与渐进性,践行改革以立法为先,完善相应法律制度建设,并最终实现市场化目标。

第五章　我国防雷国有企业改革法律问题研究

一、问题的提出

改革开放以来,国有企业改革一直是我国经济体制改革的中心环节,经过一系列扩权让利、承包经营、建立现代企业制度以及深化国有企业资产管理体制等改革措施,国有企业改革取得了巨大成就。但是必须看到,现行国有资产管理体制中政企不分、政资不分问题依然存在,国有资产监管还存在越位、缺位、错位现象。国有资产监督机制不健全,国有资产流失、违纪违法问题在一些领域和企业比较突出。

因此,防雷国有企业改革也是防雷减灾体制改革中重要的议题之一。对于当前的国有企业来说,建立现代企业制度仍是改革的核心。所谓的现代企业制度,是指以完善的企业法人制度为基础,以有限责任制度为保证,以公司企业为主要形式,以产权清晰、权责明确、政企分开、管理科学为条件的新型企业制度。其应包括现代企业产权制度、现代企业法人治理结构、现代企业管理制度三方面内容,其所具有的产权明晰、政企分开、有限责任等内在的先进性正是我国防雷国有企业制度所欠缺的。

企业国有化产生了严重的经营管理上的官僚主义和低效率问题,因此,推进国有企业改革势在必行,目前,全国 90% 的国有及国有控股企业完成了公司股份制改革。一般来说,竞争性行业的国有企业建立现代企业制度并不存在很大问题,但目前也有一部分国有企业完成了公司股份制改革,形式上建立了现代企业制度,但实质上并没有起到现代企业制度应达到的效果,可以说是"形似而神不似"。即使《企业国有资产法》已经明确规定了国有资产监督管理机构是出资人的角色,对于防雷国有企业来说产权界定已经明确,然而在企业法人治理结构以及企业管理制度方面,防雷国有企业依然存在很大问题。例如,国有资产的布局存在不合理的现象,国有企业与出资人之间的关系没有厘清,国有企业管理人员任命行政化等问题没有完全解决,而这些问题的解决对国有企业建立现代企业制度至关重要。

二、我国防雷国有企业完善现代企业制度的前提

深入探讨防雷国有企业完善现代企业制度的改革之前,需要明确三个前提。

(一)国有企业改革是循序渐进的过程

1978—1984年,我国国有企业改革是从国营到放权让利的阶段。改革开放后,以放权让利为重点,开始调整国家和企业的责权利关系,解决政企不分、以政代企问题。国家还以两步利改税政策对国家与国有企业的分配关系进行了调整。所谓利改税,就是将国有企业上缴利润改为缴纳所得税。第一步利改税仍采用税利两种形式上交企业利润;第二步利改税,将国有企业应当上缴国家财政的收入,由"税利并存"逐步过渡到完全的"以税代利"。

1985—1992年,我国国有企业改革进入到政企分开和两权分离阶段。国家在理论上认识到企业的所有权和经营权是可以分开的,在保持国家所有权的前提下,可以将企业的经营权下放给企业。正是沿着这样的改革思路,开始探索多种形式的经营责任制。

1993—2002年,我国国有企业改革进入到"抓大放小"阶段。从1994年开始,国务院选择了100家企业进行现代企业制度试点,加上各地选择的试点企业,中央和地方共选择了2500多家企业,按照现代企业制度的要求进行试点。同时提出要"抓好大的,放活小的",即"抓大放小"。

2003—2013年,我国国有企业改革进入到股份制改革阶段。2003年以后国有企业改革的推进是与建立和完善新的国有资产管理体制改革分不开的。党的十六届三中全会进一步指出"坚持政府公共管理职能和国有资产出资人职能分开"。在新的国有资产管理体制推动下,国有企业改革进入了以股份制为主要形式的现代产权制度改革新阶段。

2014年至今,国有企业改革进入到混合所有制改革阶段。党的十八届三中全会通过的《中共中央关于全面深化改革若干重大问题的决定》是新一轮国企改革的纲领性文件,新一轮国企改革的特点是以实现国企功能为导向的改革。未来112户央企将被分为商业类和公益类两大类,同时把商业类细分为"完全竞争性企业和对国家经济安全命脉具有重要战略地位的企业"两小类。在央企不同分类的基础上,企业混合所有制改革和股权激励的取舍上都将有所区别。

(二)国有企业应在法治框架下进行改革

目前,我国很多改革的实施主要是政策在支撑,可能缺少充分的法律上的依据,甚至很多情况下的改革与现行法律存在一定的冲突。尽管改革是"先行先试",但是如何在法治化的框架下进行改革仍是一个重要的问题。在一定程度上,日本国有企业改革的经验值得借鉴。日本政府在国有企业改革之初就对改革的基本事项进行了规定,使改革有法可依。例如,1984年,日本政府通过《日本烟草产业股份公司法》等"专卖改革五项法案",对"专卖公社"实行私有化;1986年,日本国会又通过《国铁改革关联法》，对国铁的分割、重组和私有化提供法律依据。我国日渐重视改革于法有据的重要性，党的十八届四中全会也明确提出"运用法治思维和法治方式深化改革"，"实现立法和改革决策相衔接，做到重大改革于法有据、立法主动适应改革和经济社会发展需要"，这也就要求改革必须在法治思维和法治方式的框架内进行，立法应该为重大改革提供顶层设计和制度支持。这里需要指出的是，"于法有据"的"法"不能狭义理解为法律条文，立法只是一方面，更重要的是通过法治思维和法治方法推进改革，即改革措施需要经过是否符合法治思维和法治方法的论证。防雷国有企业完善现代企业制度改革作为深化改革的重要内容，自然应当在法治的框架内进行。

（三）国有企业应在分类管理下进行改革

国有企业改革分类进行基本上已经是共识，这也是改革的前提。2011 年我国《国民经济和社会发展第十二个五年规划纲要》中就提出"探索实行公益性和竞争性国有企业分类管理"；党的十八届三中全会通过的《中共中央关于全面深化改革若干重大问题的决定》中也明确提出"准确界定不同国有企业功能"。2015 年 8 月，国务院发布《关于深化国有企业改革的指导意见》明确将国有企业划分为商业类和公益类，体现了国有企业改革分类进行的理念。无论是哪种分类，都体现了国有企业改革分类进行的理念。作者认为，将公益性国有企业和竞争性国有企业二元分置并不是很准确的分类，这样的分类并不能涵盖所有的国有企业。例如，像石油、天然气、铁路运输等这样的国有企业，从其功能上来讲并不能单纯划归公益性国有企业或者竞争性国有企业。

因而，将国有企业分为竞争性国有企业和垄断性国有企业，再对垄断性国有企业进行细分，划分为公益性国有企业和垄断经营性国有企业，这样的分类较为合理，也有利于改革的分类进行。

竞争性国有企业实际上与一般意义上的企业无异，以追求利润最大化为首要目标，没有任何强制性社会公共目标。目前，对于竞争性领域的国有企业，逐步退出且让位于民营企业尽管存在争议，但争议不大，关键是退出时间和退出方式问题。

公益性国有企业是提供公共产品和公共服务的国有企业，如教育、医疗卫生、公共设施服务业、社会福利保障业、基础技术服务业、气象服务业等。这类国有企业所存在的领域，具有非竞争性或者排他性，并且企业在发展过程中，由于需要巨大的基础设施投资，在投资形成后其生产的边际成本又相对较小，容易形成自然垄断。更为关键的是，由于公共产品的特殊性质，消费者普遍具有"搭便车"的行为，提供此类产品的企业很难从中获取利润，于是容易导致供给不足，影响公众福祉和利益。这类社会必需的公共产品和公共服务由国有企业"垄断性"提供更为合适。公益性国有企业的首要任务是承担社会责任，不以营利为目的，其绩效衡量标准应是社会或公共绩效，即向公众提供高质量的公共产品和公共服务是对其进行评价的依据。此类企业提供的产品或服务价格必要时可以由政府制定,发生政策性亏损时由政府给予补贴。中共中央、国务院《关于深化国有企业改革的指导意见》也强调,"公益类国有企业以保障民生、服务社会、提供公共产品和服务为主要目标,引入市场机制,提高公共服务效率和能力",因此,公益性国有企业以国有独资公司为形式是合理的,"具备条件的也可以推行投资主体多元化"。

垄断经营性国有企业兼具营利性和公益性两种性质,如石油、天然气、煤炭、电力、铁路运输等,其作为现代企业存在,自然具有营利性,然而由于其所处的行业特点,其处于垄断地位又是由政府赋予的,这类国有企业不可避免地具有公益性的特征,需要其承担一定的社会责任。因此,垄断经营性企业需要在营利和公益之间寻求平衡。在公益性国有企业中,行业特点决定了国有企业存在的必要性,甚至应该占据主导地位和核心地位。而目前,我国此类企业有过度市场化的嫌疑,此类企业的现代企业制度完善还应以国有独资公司为主。

三、我国防雷国有企业建立现代企业制度中存在的问题

建立现代企业制度应该包括三个方面内容,即现代企业产权制度、现代企业法人治理结构、现代企业管理制度。目前,我国垄断行业国有企业的主要问题来自产业大环境无竞争或弱竞争以及企业内部治理的不完善。

(一)国有企业所在的环境无竞争或者弱竞争

防雷国有企业完善现代企业制度必须以社会大环境为基础。从目前的防雷国有企业改革进程来看,大多数企业均已实现政企分开,建立起形式上比较规范的现代企业制度,并且实现了监管机构与企业的分离,但是仍存在的问题也使国有企业改革不得不深化进行。例如,虽然大部分单位都实现了政企分离、监管分离,但是除了少数单位外,核心的独立监管体制以及监管框架并没有建立,依然维持政企不分时的监管状态。

(二)国有企业内部治理存在不完善之处

就企业法人治理结构来说,国有企业与出资人之间的关系没有厘清;而在现代企业管理制度方面,高管人员的行政化色彩严重是影响企业科学管理的重要方面。

首先,国有企业与出资人之间的关系没有厘清。现代企业的法人治理结构,要求能够妥善处理企业出资人与经营者以及其他利益相关者权责利关系,其核心是建立起各负其责、有效制衡的股东会、董事会和监事会,从《公司法》意义上来讲,股东会有权决定董事会和监事会的成员,董事会决定企业经营管理人员。但目前我国防雷国有企业与其出资人之间并没有厘清这样的关系。根据《企业国有资产法》第二

条的规定,国有资产属于国家所有即全民所有,国务院代表国家行使国有资产所有权。根据《企业国有资产法》第十一条的规定,国有资产监督管理机构只是被授权代表人民履行出资人职责。也就是说,国资委这样的机构只是受人民委托(应该是多层委托、授权)代表人民履行国有企业的股东职责。目前,防雷国有企业的股东均是由相关事业单位或者气象局独资,对于防雷国有企业的监督管理已经远远超过了《公司法》一般意义上的股东职权。除了注重国有资产的保值增值外,还管理公司高管人员的任命,这就违反了现代企业法人治理结构中的"经营者与所有者分离"原则,原则上应该由公司董事会决定的事项由股东决定了,这就架空了董事会的职责,同时也不利于公司的运营以及小股东利益的保护。

其次,防雷国企管理人员的行政化色彩严重。目前,防雷国有企业作为现代企业,还具有行政级别,这既是企业法人治理结构的问题,也是企业管理制度的问题。在防雷国有企业的总经理除了经理人的身份外,还有行政级别。这种以政府行政授权为基础的委托代理方式,必然导致国企经营管理人员不是以出资人的利益为最高准则进行经营,而是一味地按照政府的要求进行操作。

四、我国防雷国有企业完善现代企业制度的法律对策建议

我国防雷国有企业完善现代企业制度主要面临产业环境缺乏竞争、国有企业与出资人之间的关系没有厘清以及高管人员行政化色彩严重等问题,要想解决这些问题,可以从两个方面考虑:一方面,对国有资产管理进行改革,明确国有企业和出资人的定位;另一方面,积极引入竞争为完善现代企业制度创造社会大环境。

(一)完善国有资产管理制度

第一,明确国有企业的定位。防雷国有企业的核心定位应该是企业,这是建立现代企业制度必须明确的,而所谓的国有,是基于其出资是全民出资,而这样的出资是在《公司法》框架下完成的。此外,之所以要对防雷国有企业这样定位,是为了防止其在与民营企业竞争中强调自己国有的特殊身份,却在承担社会责任的时候强调自己企业的身份。随着防雷国有企业改革的深化,行政高度管制逐渐解除,国企所拥有的又是会越来越小,其行为更应该受到《公司法》的约束,而当其利用企业自身的垄断优势时,又会受到《反垄断法》的规制。

第二,明确国有资产管理中心的定位。资产管理中心核心定位是作为国有资本监管人,履行统一的监管职责,发挥监管职能,其关键在于管理国有资产,而不是国有企业。《中共中央关于全面深化改革若干重大问题的决定》也指出:"完善国有资产管理体制,以管理资本为主加强国有资产监管,改革国有资本授权经营体制,组建若干国有资本运营公司,支持有条件的国有企业改组为国有资本投资公司。"当然,

国有资产管理中心可以授权国有具体履行出资人职能,这是符合《企业国有资产法》第十一条第二款的要求的。国有资产管理中心并不直接参加国有企业的管理,而是以出资人的身份对国有资产进行监管,通过国有资本经营预算和其他管理方式,对国有资本的布局、规划和发展做出全局性部署。在这种定位下,国有资产管理中心才能放开对企业管理的干预,国有企业才有可能建立现代企业制度。

第三,深化防雷国有企业管理"去行政化"改革。当防雷国有企业定位为企业,那么就应该在《公司法》的框架下运作,企业管理层取消行政级别也就是必然趋势,这是国有企业完善治理结构,建立现代企业制度的必经之路。1999年,党的十五届四中全会通过的《中共中央关于国有企业改革和发展若干重大问题的决定》中,就已明确提出,深化国有企业人事制度改革,"对企业及企业领导人不再确定行政级别"。中共中央、国务院《关于深化国有企业改革的指导意见》更是明确提出,"建立国有企业领导人员分类分层管理制度""推行职业经理人制度"。如果想要建立职业经理人模式,国有资产管理中心在股权激励问题上就需要有所调整,目前股权激励的限制将导致职业经理人不会将企业和股东利益放在核心地位,因而随着管理层去行政化的深入,股权激励模式必须要有所改革。

(二)防雷国有企业需要引入外部资本

引入外部资本是为了解决目前防雷领域大环境缺乏竞争的问题。目前引发热议的防雷领域进行的混合所有制改革实际上只是引入外部资本的一个手段,同时混合所有制建立的过程实际上就是企业法人治理结构完善的过程,其解决的是企业法人治理结构和运行机制的问题。

第一,混合所有制的准确界定和解读。混合所有制对于我国来说并不是一个新概念,1993年党的十四届三中全会通过的《中共中央关于建立社会主义市场经济体制若干问题的决定》中就提出,"随着产权的流动和重组,财产混合所有的经济单位越来越多,将会形成新的财产所有结构"。1999年党的十五届四中全会通过的《中共中央关于国有企业改革和发展若干重大问题的决定》中,也提出"积极探索公有制的多种有效实现形式,大力发展股份制和混合所有制经济,重要企业由国家控股"。而2013年党的十八届三中全会通过的《中共中央关于全面深化改革若干重大问题的决定》更是明确提出,"积极发展混合所有制经济。国有资本、集体资本、非公有资本等交叉股权、相互融合的混合所有制经济,是基本经济制度的重要实现形式,有利于国有资本放大功能、保值增值、提高竞争力,有利于各种所有制资本取长补短、相互促进、共同发展"。从这些表述可以看出,国有企业混合所有制改革就是要形成"国有资本、集体资本、非公有资本等交叉持股、相互融合"的格局,实现国有企业股权多元化的目标,以民营资本的活力激活国有资本,提高国有资本效率,改革目前国有资本"一股独大"、效率低下的局面。

第二,混合所有制改革中国有资产的布局非常重要。在混合所有制改革中,首先需要考虑的就是根据垄断行业各个产业链的性质调整国有资本的布局,以确定国有资本的控制程度。

第三,混合所有制改革中应破除或弱化行政管制。首先,根据 2008 年的《企业国有资产法》以及垄断行业的产业立法来为混合所有制改革提供法律依据。其次,垄断行业国有企业改革需要梳理甚至清理垄断行业中大量零散、不符合改革方向、甚至存在矛盾的政策性文件。最后,垄断行业国有企业改革需要明确垄断行业产业链中哪些环节可以对所有资本开放,哪些环节需要保证国有独资或国有控股,对允许非国有资本进入的产业环节,需要法律制度或政策文件予以明确细化。

第四,国有企业混合所有制改革应防止国有资产流失。从我国国有企业改革的经验教训来看,国有企业的混合所有制改革还有一个相当关键的法律问题,即如何有效地防止国有资本流失。《企业国有资产法》第一条就明确指出,制定此法的目的之一是保护国有资产。当然,国有资产流失是一个非常复杂的问题,从界定到解决都不容易,改革的过程只能做到相对可控。

首先,应完善《企业国有资产法》中对关联交易方的规定。关联交易极易导致国有资产的流失,因此对关联交易的规制十分重要。而《企业国有资产法》第四十三条第二款对关联交易方的规定范围似乎过于狭窄,仅将关联方限定于董事、监事、高级管理人员及其近亲属以及这些人员所有或者实际控制的企业,而忽略了与上述人员具有密切联系或者特殊关系的人员或者企业。

其次,国有企业的管理层在收购中也容易产生国有资产流失的问题。管理层收购是企业并购重组的重要方式之一,《企业国有资产法》第五十六条规定了国有企业的管理层收购。根据《企业国有产权向管理层转让暂行规定》的规定。并且由于收购方对企业十分熟悉,极易在收购过程中出现"暗箱操作",且《企业国有资产法》对于管理层收购的规定仅有一条款,且只是原则性规定"平等竞买"、"如实披露有关信息"等,而没有任何具体可操作性的规定,因此《企业国有资产法》对于管理层收购的具体内容需要作出规定。

最后,国有资产流失也是极易出现在国有资产的评估环节。《企业国有资产法》对于国有资产评估只是做出几项原则性的规定。例如,评估机构的选择,《企业国有资产法》只是在第四十八条简单规定了委托符合条件的资产评估机构进行资产评估,而什么是符合条件,符合什么条件并没有更加具体的规定,这极有可能导致企业选择符合自己利益的资产评估机构,进而从国有资产被评估中获利。此外,国有企业作为全民所有的企业,只是由国家代为监管,那么对国有资产的评估就应该有向社会公众进行信息披露的义务,否则社会公众根本无法进行监督。因此,《企业国有资产法》需要对国有资产的评估进行更加详细的规定,否则国有资产极易在此环节中流失。

综上所述,目前我国现有的《企业国有资产法》对于国有资产的保护并不够,很多地方需要调整或更加详细的规定。只有法律上作出相应的完善,才能让国有企业的混合所有制改革顺利进行。

五、结论

防雷国有企业改革,其核心依然在于如何完善国有企业的现代企业制度,建立和完善现代企业制度必须符合现代企业产权制度、现代企业法人治理结构、现代企业管理制度三个方面内容。

第一,防雷国有企业改革必须细化。一方面,体现在即使在气象行业内部,国有企业也分为公益性国有企业和垄断经营性国有企业两类、分类进行改革是关键。对于公益性国有企业,应当保证国有经济绝对控制地位,而对于垄断经营性国有企业,则需要深入讨论。另一方面,就体现在对于垄断经营性国有企业也需要分产业链进行改革,根据各个产业链特征的不同来确定市场开放的程度以及国有资本在产业链中所占的比例。

第二,防雷国有企业改革必须在法治框架内进行。无论是之前改革的经验教训,还是最新的政策要求都明确了国有企业改革必须在法治框架内进行,运用法治思维和法治方式推动改革,让立法为重大改革提供顶层设计,保证改革的顺利进行。

第三,防雷国有企业改革必须破除或弱化行政管制,这是改变防雷垄断影响现代企业制度完善的大环境。由于历史、政策等原因,我国防雷领域或多或少都有行政管制的存在,这些行政管制或许在过去承担着维护我国经济稳定,推动我国经济向前发展的作用,但是如今其已经成为阻碍经济发展的主要因素,可以说,目前我国防雷国有企业改革最主要的问题不在于所有制安排,而在于相关行业链条上的市场结构问题,这些链条均受行政管制的影响,其会导致国有企业没有动力进行自我治理的完善,因而破除或弱化行政管制是我国垄断行业国有企业改革的关键。

第四,防雷国有企业改革破除行政管制的关键在于国有资产管理的改革,这就涉及国资委的定位以及国有企业内部高管人员去行政化问题,也涉及垄断行业国有企业法人治理结构的完善。国有资产管理中心目前在国有资产管理中是出资人却又直接干预公司治理,这是既当"运动员"又当"裁判员",因而将明确国有资产管理中心作为国有资产统一出资人的定位十分有必要。另外,国有企业从本质上讲应该是企业,所以其高管的行政级别身份本就不该存在,而正是这种行政级别的存在影响了企业的正常运转。作为政府官员,这些企业高管的心态常常是"不求有功,但求无过",这对于企业的发展是非常不利的,因而国有企业内部高管人员去行政化也是重中之重。

第五,混合所有制是防雷国有企业改革的重要手段。混合所有制建立的过程实际上就是企业法人治理结构完善的过程。目前,我国防雷国有企业普遍存在"一股独大"的现象,这对于搞活经济而言十分不利,因而应引入非国有资本以增强国有企业的活力。在混合所有制改革过程中,一方面,需要通过法治建立公平的竞争环境,以提高非国有经济的信心;另一方面,又需要时刻防止国有资产流失的问题。

混合所有制改革本身是手段而不是目的,其目的是通过混合所有制形式来完善现代企业制度,提高企业竞争能力,让市场在资源配置中发挥决定性作用。通过解决国有资产在防雷减灾领域中的布局、防雷国有企业与出资人之间的关系以及高管人员去行政化的问题。通过明确防雷国有企业以及监管机构的定位并在法律框架下推进各项改革措施,清理不符合改革方向的政策性文件,完善《企业国有资产法》,力图使现代企业制度在我国防雷国有企业中发挥作用,并进一步实现防雷国有企业改革的目标。

第六章　我国防雷管理体制改革法律问题研究

一、问题的提出

由于雷电的自然属性和防雷管理的社会属性,使政府管理在防雷安全管理中发挥着举足轻重的作用,当防雷减灾成为气象改革的重要内容时,其管理体制改革也便肩负起为其发展提供自由宽松的制度环境的使命。

"体制"是指"被某些有规律的相互作用或相互依赖的形式所联合起来的客体、观念或行为的集合",体制需要关注:被组织起来的是什么,以及这些组成部分是如何相互发生关系的。通过体制参与者间的相互作用和互动,一些参与者的行为可能会影响其他参与者,并且指导、命令他们的行为,而这种指导和命令是通过一定的规则和组织来完成的。因此,研究"体制"会涉及对各组织间相互作用的分析、组织构成的分析、命令规则的分析以及其他参与者对命令规则反应程度的分析。从管理学角度来说,"体制"是指国家机关、企事业单位的机构设置和管理权限划分及其相应关系的制度或者有关组织形式的制度,限于上下级之间有层级关系的国家机关、企事业单位。本书将体制界定为"连接着存在上下级关系的国家机关、企事业单位等的机构设置、管理权限及互相关系的制度"。

对于"管理"的概念也有不同的理解。例如,斯蒂芬·P·罗宾斯的观点是:管理是同别人一起或通过别人使活动完成的更有效的活动。有国内学者认为,管理是由一个或者多人来协调他人的活动,以收到个人单独活动所不能收到的效果的活动。也有学者认为,管理是在特定的环境下对组织所拥有的资源进行有效计划、组织、领导和控制,以便达到既定组织目标的过程。本书将"管理"界定为"为了实现既定目标而对现有的资源、人员、组织等进行调配、协调和整合的活动"。

"管理体制"这个概念也有不同的理解,有学者认为,管理体制研究的是监督管理机构的设置、职能分工、管理机制等;有学者认为,管理体制指管理系统的结构和组成方式,既采用怎样的组织形式以及如何将这些组织形式结合成一个合理的有机系统,并以怎样的手段、方式来实现管理的任务和目的。具体来说,是规定中央、地方、部门、企业在各自方面的管理范围、权限职责、利益及其互相关系的准则,其核心是管理机构的设置、各管理机构职权的分配以及各机构间的互相协调。本书认为,

"管理体制"应将重点放在"体制"上,强调制度性和系统性,并不是对防雷减灾某个方面如市场准入、收入分配单一的调控和监管,而是指国家机构与企业之间、国家机构相互之间的体系化关系,管理体制的研究重点应当在于如何将管理机构和企业组成一个协调化的系统,如何设置管理机构,如何进行职权划分和配合,如何厘清彼此之间的关系,实现管理任务和目的。防雷减灾管理体制是指"囊括对防雷减灾进行监督管理的机构的设置、管理范围、权限职责、运行规则及相互关系等事项,旨在规范防雷减灾的竞争和发展的制度"。

我国正大力推行简政放权,要发挥市场在经济发展中的决定作用,政府需要弱化手中的权力,给企业自由发展的空间,这不仅仅能减轻政府的负担,减少财政支出,让政府能有精力和财力到最需要其把握全局的领域发挥其应起到的作用,从而有利于经济的发展,社会的稳定与和谐。这样也有利于企业在自由的环境中挖掘自身的潜力,利用市场的调控能力提高自身经济效益,带动就业,迸发应有的活力。防雷减灾管理体制是决定其经济社会效率高低的关键因素,所以,在我国防雷减灾管理体制存在诸多不足急需完善的当下,加快我国防雷减灾管理体制改革也是时代的要求。

本章旨在从三个方面分析我国防雷减灾管理体制问题,即管理机构的设置和职权划分、监管模式的选择以及行业协会制度和公众参与决策机制。这三个问题是防雷减灾管理体制改革中最重要的问题,涉及谁来管、管什么、怎么管。管理机构的设置体现的是谁来管的问题,即到底授权哪些部门来管理,只有弄清楚管理的主体才能对其管理方式、责任机制等进行评析,所以管理机构的设置是防雷减灾管理体制改革的前提。管理机构职权的划分涉及的是管什么的问题,即需要明确到底对哪些方面进行管理,也需要规定这些管理职能在相关管理部门之间是怎么划分的,才能让它们各司其职,防止管理出现交叉重叠,从而出现互相推诿的情况。监管模式的选择涉及的是怎么管的问题,即到底我国采用的是政监合一,还是政监分离的管理模式?是由一个部门同时承担政策制定和微观监管职能,还是将监管职能分离出来?虽然这本质上也是管理机构的设置问题,但因为其涉及管理方式选择的重大问题,需要专门进行研究。行业协会制度和公众参与决策机制则是对管理体制的完善,是对政府部门管理的监督和制约,与政府相关管理部门一起构建出完整的管理框架,这样才能"内外发力",共同维持防雷减灾的稳定健康发展。

二、我国防雷减灾管理体制的变迁

我国防雷减灾改革历程大致可以分为以下几个阶段:1989 年至 1999 年,各个行业分别管理阶段,防雷起步发展阶段;2001 年至 2014 年,气象部门统一管理,防雷企业相对集中,国家和地方政府分层建设、共同管理;2015 年至今,引入竞争机制,扩大企业自主权,以"拆分切割"为基本管理方式,自上而下地从管理体制框架下实行政企分开,民营资本和外资都逐渐参与进来,管制机构的权限逐渐减少。在防雷减灾改革的视角下关注我国防雷减灾管理体制的发展历程,是为了更深层次地分析目前我国管理体制所存在的问题,为寻找切实可行和有针对性的管理体制改革方案提供经验和教训。

从我国防雷减灾管理体制的改革进程来看,主要趋势是由国家控制企业控制经营到逐渐打开市场,给予企业更多的自主权,企业从过分依赖国家政策和政府财政支持到自主经营。防雷减灾管理机构的权限设置也由职能混乱、交叉到互相配合、制约的方向发展。不同的防雷减灾管理机构有不同的设置,我国主要实行企业负责、行业管理、国家监察和群众监督的防雷安全管理体制。首先是企业负责,即责任主体在企业,以企业为主。企业必须认真执行国家、行业和地方的防雷安全的方针政策、法律法规和技术标准。其次是行业管理,行业管理部门必须认真履行防雷安全管理职责,切实加强对防雷减灾工作的领导。第三是国家监察,指气象部门和其他涉及防雷的部门。第四是群众监督。要求广泛深入开展宣传教育工作,增强全民的防雷安全意识、安全素质和搞好防雷安全工作的自觉性,依法保护大家的生命财产安全。

1. 中国气象局

目前,我国防雷安全管理的模式为统一管理、分级负责,即国务院气象主管部门负责对全国防雷安全工作的监督指导,县级以上气象行政主管部门分级负责本辖区的防雷安全管理工作。全国大多数地区的防雷安全监督管理工作设立专门防雷安全管理机构,即防雷安全工作委员会办公室,受气象部门委托负责对本辖区防雷工作进行监督管理,开展日常监督检查和管理工作;少数地区没有设置防雷安全监督管理机构,依法由气象部门有关处室监督管理,实施监督检查工作。如:重庆市人民政府成立了以主管副市长为主任的防雷安全工作委员会,下设办公室负责全市防雷安全工作的管理和日常事务的处理;同时成立了市政府防雷技术机构——重庆市防雷中心,负责防雷技术服务。但是,目前各地区由于管理机构和人员不足,无法满足当前实际工作的需要。中国气象局是国务院直属事业单位。它的前身是中央军委气象局,成立于1949年12月。1993年由国务院直属机构改为国务院直属事业单位后,经国务院授权,承担全国气象工作的政府行政管理职能,负责全国气象工作的组织管理。全国气象部门实行统一领导,分级管理,气象部门与地方人民政府双重领导,以气象部门领导为主的管理体制。我国气象事业是科技型、基础性社会公益事业,坚持"公共气象、安全气象、资源气象"的发展理念,坚持"以人为本,无微不至、无所不在"的服务宗旨。

中国气象局的主要职责是:(1)拟定气象工作的方针政策、法律法规、发展战略和长远规划;制定、发布气象工作的规章制度、技术标准和规范并监督实施;承担气象行政执法和行政复议工作。(2)组织拟订和实施气象灾害防御规划,参与政府气象防灾减灾决策,组织指导气象防灾减灾工作;组织编制国家气象灾害应急预案,组织气象灾害防御应急管理工作;组织气象灾害监测预警及信息发布系统建设,负责气象灾害监测预警和信息发布;承担国家重大突发公共事件预警信息发布工作;负责重大活动、突发公共事件气象保障工作;组织对重大灾害性天气跨地区、跨部门的气象联防和重大气象保障;组织气象灾害风险普查、风险区划和风险评估工作;组织对国家重点工程、重大区域性经济开发项目、城乡建设的气象服务;管理人工影响天气工作。(3)对国务院其他部门设有的气象工作机构实施行业管理,统一规划全国陆地、江河湖泊及海上气象观测、气象台站网、气象基础设施和大型气象技术装备的发展和布局,审订气象信息采集、传输、加工的质量评价方法并监督实施;组织气象技术装备保障和质量监督、气象计量监督,审核全国大中型气象项目的立项和方案。(4)管理全国陆地、江河湖泊及海上气象情报预报警报、短期气候预测、空间天气灾害监测预报预警、城市环境气象预报、火险气象等级预报和气候影响评价的发布;组织论证并审查大气环境影响评价。(5)组织气候变化科学相关工作;组织气候资源的综合调查、区划,指导气候资源的开发利用和保护;组织并审查国家重点建设工程、重大区域性经济开发项目和城乡建设规划的气象条件论证。(6)组织指导气象部门的科技体制改革、组织气象领域重大科研攻关和成果的推广应用,协调气象科技开发、技术合作和技术推广;组织宣传、普及气象科学知识,提高全民气象防灾减灾和气候资源意识。(7)管理气象外事工作,代表我国政府参与世界气象组织及其他国际气象机构的活动,开展与外国政府(地区)气象机构间的合作与交流。(8)统一领导全国气象部门的工作;以中国气象局为主管理省级气象部门的计划财务、机构编制、人事劳动、队伍建设、教育培训和业务建设;指导地方气象事业的发展。(9)协助地方人民政府指导地方气象职工队伍的思想政治工作和精神文明建设。(10)承办国务院交办的其他事项。

2. 省、自治区、直辖市气象局(地方防雷机构)

在中国气象局"统一管理、分级负责"的管理模式下,各省、自治区、直辖市气象局以《气象法》为依据,结合本地的实际,强化政府的监督管理职能,对防雷安全进行综合管理,并代表政府进行防雷安全执法检查。同时专门成立的防雷安全技术机构(防雷中心),负责防雷减灾活动的技术管理和指导工作。以重庆市为例,重庆市人民政府非常重视防雷安全工作,1998 年 4 月 28 日成立了以市委常委、主管副市长陈光国为主任的市政府防雷安全工作领导机构——重庆市防雷安全工作委员会,成员单位包括重庆市人民政府督察室、重庆市建设委员会、重庆市规划局、重庆市质量技术监督局、重庆市安全生产监督管理局、重庆市监察局、重庆市气象局、重庆市公安消防局等单位;以及成立了市政府防雷安全工作技术机构——重庆市防雷中心。以确保全市防雷安全工作的统一规划、统一部署、统一管理。

重庆市防雷安全工作委员会职责是:负责全市防雷减灾安全工作统一规划、统一部署、统一管理和组织领导。重庆市防雷中心职责是:承担全市防雷工程设计审核、施工监审、竣工验收以及避雷装置安全检测,雷电灾害调查、鉴定,防雷产品质量监督管理,同时对重点建设项目大气雷电环境评价和对国家大型企业从事本企业防雷设施安全自检的工程技术人员资质认证等工作。

我国参与防雷管理的中央部门职能分散,权限划分模糊笼统,因此,常出现交叉重叠的情况。例如,有关防雷检测资质管理政策的制定,是中国气象局和国家电力、通信部门共同审批。虽然分领域进行监管会避免出现"一头独大"、滥用权力的现象发生,但是,目前的深化改革必须强调权责分明,细化各机构之间的权力,并确立相关的协调机构。同时,我国防雷主管部门仍兼决策者和监督者为一身,缺乏有效的制约机制。这些管制机构既是政策的制定者,也是执行者和监督者,那么,政策的科学性如何保证? 如何避免这些政府部门滥用权力? 这也是我国防雷减灾管理体制改革需要关注的问题。

三、我国防雷管理体制改革的重点

我国防雷减灾管理体制目前还存在政监合一、权限划分不明确、法律法规不完善等方面的问题,而且不同的防雷减灾管理体制存在的问题也不尽相同。

(一)防雷减灾管理机构的设置及职权划分

在防雷减灾管理中,由于缺乏一部专门的法律对该领域管制进行明确规范,不同部门制定的法规政策将该行业的管制权授予了多个政府机构,并且各个相关政府机构的职能存在交叉、重合、界限不清的问题。这种多头管理的模式难免会造成相互推卸责任的情况,也不便于协调各部门的监管行为,容易造成各部门步调不一致甚至产生矛盾。实际上,将管理职能分散到多个部门并不能以偏概全地认定为不明智的管理方式,重点在于机构之间的权限划分是否合理、是否能有效沟通和协调、是否存在缺位或重叠的情况。纵观防雷减灾的政府管理机构,既存在垂直关系,又存在平行关系,权力划分存在交叉重叠,因此会导致各个部门间的协调性差,不能保证对该行业管理的及时性和高效性,容易造成"在其位不谋其政"的现象,使行政效率低下,对行业的管制也不能起到预期的效果。同样,我国防雷减灾的管理目前也存在多头监管的情况,并且对各个机构的权限规定也不明确,这就导致了部门之间的权力出现交叉和重叠,会出现相互推诿、相互扯皮的情况,不利于行政效率的提高,也增加了协调的成本。

1. 我国防雷减灾管理机构的设置

我国防雷减灾管理体制被设置为相对集中式的管理模式。根据国发〔2016〕39号文件要求,仍然保留了由国务院气象部门统一管理全国防雷减灾工作,国务院其他有关部门在各自职责范围内负责相关防雷减灾管理工作的模式。体现了防雷减灾体制改革稳中求进的思想,避免政府机构设置出现过大的改变,影响行政职权行使的稳定性和连续性。只是这依然不能解决多头监管所带来的弊端,没有高级别、有权威的机构对相关管理部门进行协调和领导,容易出现互相推卸责任或不积极配合的现象。因此,需要防雷减灾立法对管理工作进行协调的适用范围、程序、异议机制等做出明确规定。而且,防雷减灾行政主管部门的级别设置也需要关注,级别太低有时也不利于全面地开展防雷减灾管理工作。事实上,我国防雷减灾到底是设立高级别的协调机构还是按照行业来整合进行"大部制"的管理更符合我国防雷减灾的现状,必须根据行业的特殊性来做出具体的选择。

2. 防雷减灾管理机构的职权划分

防雷减灾管理混乱的根本原因并不在于多头监管,而是相关管理机构的权力规定不明确。目前中国气象局、建设部、交通部等对其管理都有涉及,并且权力划分上存在交叉、重叠的部分。《中华人民共和国气象法》明文规定气象部门"应当加强对雷电灾害的组织管理和会同有关部门指导雷电灾害防护装置的检测",但由于我国各部门专业法规的规定中也涉及防雷安全管理的内容,导致气象部门在防雷减灾工作上,必须与公安、建设、规划、技术监督、安监、信息产业等管理部门协调,高度统一到防雷安全管理上来。比如我国三大法律《气象法》、《安全生产法》和《建筑法》都对防雷安全工作作了相应规定,这是因为防雷安全工作既涉及安全生产,又涉及建设工程质量问题。因此我们面临如何依法开展防雷减灾管理的问题。

防雷减灾管理权限不明会造成一系列的弊端。首先,管理部门在履行职责和承担责任时,由于权限划分存在交叉重叠,各自的权、责、利并无明确的规定,出于利益的考量,会互相争权夺利以期获得更大的利益。政府部门的工作人员在一定程度上也扮演着"经济人"的角色,在一定的约束下寻求利益的最大化,出于政绩、钱财等考虑,出现问题和责任时互相推诿,出现利益时互相争夺。由于防雷专业性很强,对该行业的管理技术要求很高,因此,政策或法律法规的制定通常是由相关部门拟定草案,再经过相关的程序加以确定,管制机构则可能利用政策或法律法规的制定机会争取更多的管制权力。更多的权力意味着更多的利益,也意味着更多的话语权,因此,相关政府机构为了自己的既得利益或更大的利益而争夺管制权。在这种情况下,会造成管理体制的混乱和政府相关部门之间的矛盾与冲突,揽权的斗争也使有限的精力不能专注于对防雷安全管理和监督上。管理机构权限设置的混乱不仅会破坏相关政府部门间的关系,不能使其相互配合共同促进行业的健康发展,也不利于预期管制效果的实现。其次,对防雷管理权限设置混乱会造成两个极端:其一是每个管制机构只专注于自己权力范围内的事项,由于涉及的部门较多,沟通起来费时费力,相关管制机构可能"只扫自家门前雪,不管他人瓦上霜"。很显然,这种埋头管理的方式不便于对防雷进行体系化的管控,因为该行业涉及上中下游的很多个环节,市场参与主体必须有足够的实力,行业内部情况很复杂,牵一发而动全身,因此,必须要各相关管理部门之间具有很高的协调性。其二是管理机构秉着自己不承担照样有别人承担责任的想法而互相推诿,最后造成无人管理、管理空缺的情况。这显然会导致管理的混乱和缺位,不利于防雷发展和进步。

对于防雷减灾而言,管理主要呈现出分散式的特点,因为很多行业都缺乏统一专门的管理机构,管理权限分散在其他政府部门当中,不仅造成管理的不便,也会造成管理职能的缺位或重叠。此外,随着技术进步、市场需求结构与成本结构的变化,防雷减灾的市场结构也在出现动态的变化。这就要求防雷减灾不仅要求明确管理机构的职权,更要求对管理职能进行整合,进而提高管理的科学性。

(二)防雷减灾监管模式的选择

长期以来,我国防雷减灾都是由政府统一行使政策制定职能和监管职能,主要采取政监合一的监管模式。随着市场经济的发展,防雷减灾监管的专业化越来越凸显,要求组建独立监管机构的呼声也越来越高。《气象灾害防御条例》关于"国务院防雷减灾主管部门统一管理全国防雷减灾工作,国务院其他有关部门在各自职责范围内负责相关防雷减灾管理工作。县级以上地方人民政府防雷减灾主管部门负责本行政区域内的防雷减灾管理工作,同级人民政府其他有关部门在各自职责范围内负责相关防雷减灾管理工作"的规定,体现的也是政监合一的监管理念。但是,采取管理与监督相分离的原则,更有利于防雷减灾工作的开展。

第一,政监分离的监管模式有独特的优越性。首先,如果由制定政策的管理部门对自己制定的政策或制度实施与监督很难及时有效地发现和解决问题,甚至可能出于政绩需要有意隐瞒,或者出于思维惯性和定式不能察觉出问题。其次,由于人力和专业知识水平的局限,政策制定和监管职能合一会使政府相关机构陷入纷繁复杂的协调、仲裁工作当中,不能集中精力研究该行业的政策规划和重大问题。这种情况下,政府相关部门对该行业的监督往往采用集中监管的模式,这既不利于日常琐碎事务的处理,也不利于真正地发现问题,容易出现企业应付检查的情况。再次,由于监管职能分散,监管责任主体可能不明。政监合一可能会导致政府相关机构很大程度上只是在进行产业政策制定和行业发展规划,并没有进行实际上的行业监管,其仍然采用行政审批的方式来参与企业的内部监管活动,有时很难有效的履行监管职能。最后,监管职能分散在多个政府综合部门,并没有专门的监管部门来监督行业的行为,这会使监管职能行使混乱,对该行业并不能起到有力的震慑和警醒作用。如果监管过程中出了问题,也很难找到相应机构问责。将这两个职能分离才更有利于政府职能效益的发挥,否则会互相干扰,不能保证监管的中立性。

第二,可以实行防雷减灾管理部门内部政监分离的机制。尽管组建独立的监管机构从长远看是有利于行业发展的,但在目前大力推行简政放权的趋势下,我国直接设立独立的监管机构不太现实。因此,从国家的政策来看,其并不倾向于设立独立的监管机构。在目前这种防雷减灾管理体制尚不健全的情况下,集中监管职能有利于更好地发挥其作用,可以考虑在防雷减灾行政主管部门内部设置政监分离的内部机制。

(三)防雷减灾协会制度与公众参与决策机制

防雷减灾的管理除了发挥政府的力量,还应当发挥行业协会和社会公众的力量,形成完整的管理框架。行业协会是独立于政府与企业之外的社会团体,是典型的非政府组织和非营利性组织,它是为了克服政府失灵和市场失灵,通过支援机制提供公共物品的"第三部门"。防雷减灾关乎国家安全和公众切身利益,若只由政府管理,缺乏第三方监督机制,则在一定程度上可能会影响防雷减灾管理的科学性和公平性。目前,我国行业协会虽然发展较快,但起到的作用还有待于进一步加强。而由于公众的参与机制并未在立法中明确规定,社会公众也很难对防雷减灾的管理提供建议,影响相关部门的决策。

根据国家经贸委1997年制定的《关于选择若干城市进行行业协会试点的方案》,行业协会的功能被设计为"维护同行业利益,促进同行业发展,避免行业内部无序竞争,进行行业的自我协调、自我约束和自我管理"。行业协会主要有三点功能:其一,行业协会相对于企业和政府行政主管部门来说,具有一定的中立性,能摆脱两者的束缚相对独立地行使监管的职能,纠正企业或政府不合理的行为;其二,行业协会相对于政府行政主管部门来说在规范行业和企业方面具有更大的灵活性,也能避免政府部门争权夺利、效率低下等问题;其三,行业协会作为企业和政府的中介组织,能为企业提供各种服务,包括行业信息的收集、分析和提供行业规划、企业咨询、行业内部纠纷协调,乃至代表企业对政府部门的决策提供建议或提出意见等。

防雷减灾管理与决策是一种行政行为,既包括制定行政规则的抽象行政行为,也包括对相对人未来的权益产生影响的具体行政行为。公众参与是现代国家公共机构决策程序的核心概念之一,是保障公民基本权利和实现民主的基本要求。尽管有学者认为,在防雷减灾的管理中引入公众决策机制不太好操作,因为防雷减灾的管理问题很多,需要考虑很多因素,而且在公众参与方式、表决、利益衡量等方面需要严格的制度加以配套。但是公众参与决策一方面能增强决策的科学性和民主性,使决策的制定能考虑到各方利益,防止政府部门滥用职权,侵害相对人权益;另一方面公众参与决策可以提高公众遵守政策或规定的积极性,让公众从源头上参与进来,可以让其认识到政策制定中的考量因素,不会盲目地批判或抵触,从而有利于提高防雷减灾行政主管部门的管理效率,减少调查或纠正违法行为的成本。所以,尽管公众决策机制的落实目前存在很多障碍,但仍应当在完善防雷减灾管理体制时引入公众参与制度。

目前,我国关于行业协会和公众参与决策的具体规定缺失,虽然有关规定要求:"防雷减灾管理应当发挥防雷减灾行业协会等社会中介组织的作用。防雷减灾有关行业协会应当反映行业和企业发展要求,在行业统计、行业标准、技术服务、市场开发、信息咨询等方面为企业提供服务,为政府提供决策咨询。"但是,目前我国"大政府、小社会"的传统格局依然没有根本改观,现有行业协会明显带有"官民双重性"和过渡性等特点,特别是大量存在的"体制内"行业协会带有浓厚的行政色彩,难以承担上述其应有的为企业服务的职能。而"体制外"行业协会由于缺乏政府支持,往往表现得营养不良、单薄弱小,难以堪以大任。此外,我国公众参与防雷减灾决策机制尚未确立,社会监督机制的缺乏使公众的诉求无法得到满足,这会使政府在进行监管的过程中出现监管失灵的情况,这不仅会造成监管目标的偏离,还会给市场和公众带来比不监管更多的损失。对于涉及公共利益或重大防雷减灾的发展战略时,还是应当广征民意,提高决策的科学性和民主性,增强防雷减灾管理部门的外部监督力量。

四、我国防雷管理体制重新架构

当前我国经济发展形势和社会民众对防雷减灾的诟病都倒逼政府对防雷减灾进行改革,市场化和竞争化成了防雷减灾发展的必然趋势,政府在防雷减灾发展中的地位也越来越弱化,但管理仍是必须和必然的。我国防雷减灾管理体制改革的设想和建议,应当体现在相关立法的制定和完善当中,并为整个防雷减灾改革探索成功的经验。

(一)完善防雷减灾管理机构体系

要充分发挥防雷减灾管理机构的功能,必须建立合理的组织结构。一般来说,合理的组织结构应当做到职能与任务、职能与目的、权力与责任相协调,并且相关管理机构之间应当是既互相配合又相互制约的关系,每个管理机构在自己负责的领域里专注于自己所应承担的责任,同时配合相关机构共同形成完整和谐统一的管理链。防雷减灾由于存在多头监管的问题,各个管理机构之间的权限冲突和交叉很难避免,防雷减灾相关管理部门之间因为权限划分不明确、彼此之间的关系不清晰,会出现争权夺利、推卸责任的情况。因此,防雷减灾的管理不仅需要明确到底由哪些部门对防雷减灾进行管理,还需要考虑如何在这些管理部门中分配管理权限。中国气象局及相关部委都有管理职能,因此,需要对各管理机构的设置、关系和权限进行梳理,以期完善管理机构体系。

世界各国的防雷减灾管理机构设置不尽相同,大致有四种模式:(1)高级别、集中管理模式,或称"部级防雷减灾机构集中管理模式",即由国家设立专门的国家防灾减灾部、防雷减灾委员会等,集中管理全国防雷减灾产业,如美国。(2)高级别、分散防雷减灾管理模式,或称"部级防雷减灾分类管理模式",即由国家分别设立水利部、商务部等,对防雷减灾分类管理,如印度。(3)低级别、集中防雷减灾管理模式,或称"部属防雷减灾机构集中管理模式",即在国家综合经济管理部门下设防雷减灾局或自然资源局,统一管理防雷减灾产业,如日本。(4)低级别、分散防雷减灾管理模式,或称"部属防雷减灾机构分类管理模式",即在国家综合或经济管理部门下设防雷减灾局负责管理一般防

雷减灾事务,如中国。因此,防雷减灾管理工作应该做好以下几个重点:

第一,我国防雷减灾应当建立一个高级别的管理机构来进行管理,且应当将其纳入防雷减灾管理当中。目前,负责我国防雷减灾管理的中国气象局行政级别略低,不利于防雷减灾管理工作的开展,而新成立的国家防雷减灾委员会虽力图加强防雷减灾战略决策和统筹协调,但并不从事具体的管理工作。鉴于我国建立高级别的独立防雷减灾管理部门与整体的国家行政体制架构相联系,故短时间内无法实现。因此,建议我国防雷减灾管理机构体系的完善是长期目标,最终目标是采取高级别、集中管理模式来管理防雷减灾工作。但是在条件成熟后,考虑设置独立的高级别的防雷减灾部门,将分散到其他部门的防雷减灾管理职权集中起来,通过在防雷减灾部门的内部机构进行分工管理,这样可以提高管理的效率,降低协调的成本。

第二,目前我国正在进行的防雷减灾立法中关于防雷减灾管理机构的规定应当进一步细化。首先,规定防雷减灾事务协调机构应当对什么重大事项进行协调、该如何协调、对不服从协调的部门该如何处理等涉及该事务协调机构职权履行的重要问题。应当规定防雷减灾事务协调机构的具体权限,即规定对涉及防雷减灾安全等关系到公众利益或国家安全的重大问题,如何协调和决策。其次,防雷减灾立法应当明确议事协调的程序,即一般通过定期召开会议来商讨防雷减灾重大事项。此外,可以设立办事机构,某个部门认为某事项需要提交防雷减灾事务协调机构讨论的,可向办事机构提出申请,办事机构经过审核后,应当及时回应,认为有必要讨论的,应当紧急召开会议讨论。再次,防雷减灾立法应当规定防雷减灾事务协调的处罚机制,对于大会讨论通过的事项和权责的分配,相关部门必须严格遵循,若有异议,可以向国务院提出申请请求改变或撤销。最后,防雷减灾行政主管部门的职责应当进一步细化,以便进行管理和追究责任。例如,可以规定:中国气象局履行对防雷安全的管理职能;安监总局履行安全生产中防雷管理职能;建设部负责项目建设中防雷安全管理。总之,制定中的《防雷减灾法》可以对其他有关政府部门的职责进行概括性规定,但应当在该部门的相关规定中具体阐明其应当承担的责任,这种权责规定方法一来突出重点,二来又避免出现多头监管带来的管理混乱的情况。

第三,任何一个防雷减灾都需要对其管理机构的设置和权限分配进行梳理、思考并尽量予以法治化。对于一些综合性不强,政府不用过多干预的行业,不必组建单独的行业管理部门,可以考虑将几个规制内容相近的行业整合,具体管理职责可以分散到相关政府部门履行,这样能够减少行政资源的浪费,增强政府机构的稳定性。但是,对于像防雷减灾这样的专业性很强的领域,为了减少政府机构的频繁变动带来的管理的不稳定,可考虑组建议事协调机构,统筹相关部门间的管理工作,条件成熟时,应当组建相对独立的管理机构,将各种管理职能集中,增强管理的效率。不管是组建议事协调机构还是建立“大部制”的管理机构,都需要各相关管理部门间的权责分明,建立良好的追责、纠错机制,防止互相推卸责任的现象发生。

(二)完善防雷减灾的监管机制

防雷减灾监管最重要的是要明确两点：一是应当建立什么样的监管，由谁来监管；二是谁在支付监管的成本，支付监管的成本谁在受益。监督制度应当越简单越好，如目前我国防雷安全监管权分散，看似严谨复杂，却起不到实效，而监管体系的庞大使监督成本也很高。因此，监管需要解决的是如何依法监管、由谁监管以及怎样制定更有效率的监管手段。

第一，各国防雷减灾监管模式主要分为独立模式和相对独立模式两种。独立模式根据机构设置不同，又可区分为：(1)在防雷减灾政策部门之外，设置完全独立的防雷减灾监管机构，它是独立于防雷减灾主管部门的国家层次的防雷减灾监管委员会，国家防雷减灾监管委员还会就自然垄断性较强或对环境、市场有重大损害的行业或领域设立单独的监管机构；(2)隶属于防雷减灾政策部门的防雷减灾监管机构，即在防雷减灾主管部门内部设立防雷减灾监管委员会，通过立法规定其独立的监管权力，并设置若干彼此间相互独立的分支监管机构。法律给予它们很大的独立权力，在一定的范围内可以相对独立地决定监管政策。相对独立模式是指在政策制定部门中保留监管权，同时将某些监管职能委托给部级机关或咨询机构行使，这些机构的运作方式有些类似于独立监管机构，但是并不具有最终的监管权。许多国家对于防雷减灾管理都曾经采取政监合一的管理模式，但市场化改革的深入和防雷减灾监管职能专业化的发展趋势，监管机构与制定政策部门的职能开始相互分离，只是这种"政监分离"可能是相对的。

第二，我国防雷减灾管理目前采取的是政监合一的模式，但未来监管模式还存在不同的路径选择。建议在防雷减灾行政主管部门之外设立了独立的国务院直属特设机构——防雷减灾监督管理委员会，但目前独立监管机构在防雷减灾市场尚不成熟的情况下很难建立起来。独立监管机构的设置能加强决策形成机制，防止防雷减灾行政主管部门滥用权力，这可以作为我国防雷减灾监管制度发展的方向和目标。

第三，我国防雷减灾监管现阶段的工作重点是完善符合防雷发展需要的监管体制。有学者认为，我国目前首要的问题是确立统一的防雷减灾主管部门，在防雷减灾主管部门之下设立监管机构，可能更有利于防雷减灾监管机构的运作。其实，无论是组建独立的监管机构还是内设相对独立的监管机构，都需要监管权力集中和监管工作落到实处，该管的管，不该管的不管。纵观目前防雷减灾产业的发展状况，组建独立的监管机构确实有些困难，因此可以仿照美国在行政主管部门内部设立监管机构，其拥有的职权可以借鉴关于防雷减灾监督委员会职责的规定。(1)明确监管机构的监管对象。(2)明确监管的重点，其一对进入防雷减灾产业的监管，即依照《行政许可法》对哪些企业可以开展防雷减灾进行监管；其二是对防雷减灾存在市场失灵的情况的监管。此外，还应当提供防雷减灾产业的信息和咨询服务。(3)明确监管机构的问责机制,因为监管机构主要行使微观监管职能,直接干涉防雷减灾产业和企业的活动,权力具有强制性和直接性。因此,必须规定监管机构的问责机制,即对监管机构违反法律规定滥用权力时进行追责。

第四,不同地区防雷安全监管模式选择会存在差异性。防雷减灾监管模式的选择不得不考虑市场发展状况、政府监管成本、政府部门的设置和体系等。首先要对防雷减灾进行整体的分析,挑出需要着重改革的重要行业,在其内部设立独立的监管机构,进而逐渐扩散到其他防雷减灾当中。但对于某些几乎可以完全放开的行业,则不需要组建单独的监管部门以防止资源的浪费和成本的增加。按照《国务院关于优化建设工程防雷许可的决定》(以下简称《决定》)要求,构建"气象＋"防雷减灾监管模式,一要构建防雷安全责任体系,落实行业主管部门监管责任和企事业单位主体责任;二要健全防雷安全法规标准体系,着力提升防雷安全法治保障能力;三要建立防雷安全隐患排查治理体系,不断提升雷电灾害防御能力;四要完善雷电风险预警和应急处置体系,强化防雷安全风险防控能力;五要健全防雷安全的社会共治体系,不断提升全社会的防雷安全法治意识。

(三)完善行业协会制度和公众参与决策机制

我国防雷减灾的行业协会和公众在决策和监管中起到的作用相对较小,但其在克服市场失灵和政府失灵方面有着不可或缺的作用,应进一步加强。

防雷减灾管理应当发挥防雷减灾行业协会等社会中介组织的作用。防雷减灾有关行业协会应当反映行业和企业发展要求,在行业统计、行业标准、技术服务、市场开发、信息咨询等方面为企业提供服务,为政府提供决策咨询。国务院于 2007 年发布了《关于加快推进行业协会商会改革和发展的若干意见》,对行业协会的治理运行机制、角色和功能、管理体制和发展措施作了规定,但其行业协会制度依然存在很多问题,也缺乏专门的法律对其进行规范。我国完善行业协会制度的重点是要加强其独立性,充分发挥其自律作用,防雷减灾立法也应当关注行业协会如何在政府和市场之间进行沟通,对如何发挥好中介作用做出明确规定,如构建信息沟通平台、提供咨询、建议服务等。各级人民政府及有关部门进行涉及公共利益和安全的重大防雷减灾决策时,应当听取有关行业协会、企业和社会公众的意见,增强防雷减灾决策的民主性、科学性和透明度。

以防雷减灾立法为例,我国正在制定中的《防雷减灾法》应当:(1)加强行业协会的信息沟通职能。防雷减灾行业协会作为中介机构,应当对信息沟通方面实行统一的管理、协调和服务,在信息沟通方面应当承担主要责任。《防雷减灾法》可以对其信息沟通的方式和内容作出规定,防雷减灾行业协会在信息沟通方面的职能应当包括:收集报道国外石油产业技术经济动态,引导企业学习技术,引进先进设备;通过对国内防雷产品重要指标的检测,为国家宏观调控提供依据,提供防雷工程信息,为企业调整生产提供参考;及时公布和说明政府制定的最新政策和行业协会发布的规制文件,为企业遵守和了解国家市场和政策导向提供便利;提高信息透明度,向公众公布其对企业的规制管理行为和行业的最新发展动态,便于公众进行监督,为社会监督体制的建立提供信息基础。(2)为防雷减灾决策公众参与机制提供法律依据。防雷减灾管理部门应当对可能造成不良影响并会对公众利益造成重大损害的决策召开听证会等,或通过微博等网络平台让网民充分讨论,也应当规定防雷减灾决策公众参与的具体实施条件、程序及反馈。(3)规定公众参与防雷减灾决策异议制度。对于决策结果是实施防雷减灾项目的,有异议者可以在符合法定条件时向法院起诉。具体来说,应当包含以下条件:异议之诉的原告是防雷减灾决策项目的利益相关者;申请异议人数众多或者可预见的损害数额巨大;异议主体起诉时必须证明自己将受到难以救济的财产损害或者得到的救济不足以弥补该损害。

五、结论

以防雷减灾为样本透视了我国防雷减灾管理体制中管理机构设置及职权划分、行业协会制度及公众参与决策机制、监管模式选择等问题,并进而提出改革措施。目前,我国防雷减灾管理存在多头监管的情况,权责不明,职能存在交叉和重叠,因此必须重新设置管理机构,并对相关的管理机构的权限及彼此间的关系做出明确规定,防止出现互相推卸责任的现象。在监管模式的选择上,无论是政监合一还是政监分离都有各自的优缺点,如何设置监管机构,需要考虑目前市场的成熟度和可行性。在我国,可以先考虑在产业管理部门内下设相对独立的监管分支机构,待条件成熟之后,可组建独立的监管部门。另外,我国在防雷减灾管理中应进一步完善行业协会制度和公众决策参与制度。

无论如何,进行防雷减灾管理体制的改革,有效的防雷减灾管理体制改革,必须要有完善的法律法规作为支撑。法律的强制力和规范性可以推动我国防雷减灾管理体制改革朝着制度化的方向发展,使防雷减灾改革依规则进行,使对防雷减灾的管理有法可依。

参考文献

彼得斯,2001.政府未来的治理模式[M].北京:中国人民大学出版社.

邓恩,2001.公共政策分析导论[M].北京:中国人民大学出版社.

方东平,黄吉欣,张剑,2005.建筑安全监督与管理[M].北京:中国水利水电出版社.

关海庭,2003.中俄体制转型模式的比较[M].北京:北京大学出版社.

胡建淼,1998.行政法学[M].北京:法律出版社.

黄恒学,高桂芳,郭喜,2002.公共经济学.[M].北京:北京大学出版社.

季卫东,2002.宪政新论——全球化时代的法与社会变迁[M].北京:北京大学出版社.

孔茨,韦里克,1998.管理学[M].10版.北京:经济科学出版社.

李家启,2006.防雷减灾管理及其法律制度研究[M].北京:气象出版社:2—9.

李家启,李良福,2007.雷电灾害典型案例分析[M].北京:气象出版社.

李良福,2003.拓展气象事业防雷减灾新领域的实践[M].北京:气象出版社.

李伟,2008.论《反垄断法》经营者集中条款对特殊行业的适用除外[J].中国农业银行武汉培训学
院学报,(6).

丽丝,2005.自然资源:分配、经济学与政策[M].北京:商务印书馆.

梁治平,2006.国家、市场、社会:当代中国的法律与发展[M].北京:中国政法大学出版社.

刘灿,张树民,宋光辉,2005.我国自然垄断行业改革研究:管制与放松管制的理论与实践[M].成
都:西南财经大学出版社.

刘华涛,2014.自然垄断产业的激励性管制研究[M].北京:中国社会科学出版社.

刘继,胡通年,1994.黄岛油库特大火灾事故分析及试验研究:非金属油罐感应模拟试验报告[J].
雷电与静电,8(1):2—6.

吕政,黄速建,2008.中国国有企业改革30年研究[M].北京:经济管理出版社.

马鹤年,2000.气象服务学基础[M].北京:气象出版社.

孟雁北,2012.我国反垄断法之于垄断行业使用范围问题研究[J].法学家,1(6):44—57.

孟雁北,胡瑜,宋彪,等,2016.垄断行业改革法律问题研究[M].北京:法律出版社.

潘伟杰,2005.制度:制度变迁与政府规制研究[M].上海:上海三联书店.

戚聿东,2011.垄断行业改革报告[M].北京:经济管理出版社.

戚聿东,柳学信,范合君,等,2013.中国垄断行业市场化改革的模式与路径[M].北京:经济管理出版社.

萨瓦斯,2002.民营化与公私部门的伙伴关系[M].北京:中国人民大学出版社.

史际春,1997.国有企业法论[M].北京:中国法制出版社.

孙绍聘,2004.中国救灾制度研究[M].北京:商务印书馆.

王明湖,1994.反不正当竞争法概论[M].北京:中国检察出版社.

王先林,2009.竞争法学[M].北京:中国人民大学出版社.

卫祥云,2013.国企改革新思路[M].北京:电子工业出版社.

温克刚,2004.中国气象史[M].北京:气象出版社.

谢地,刘佳丽,2013.垄断行业监管机制的法经济学研究——监管机制、体制与制度协调论[M].北
京:经济科学出版社.

徐耀标,许以平,1992.城市火灾浅析[M].北京:气象出版社.

许成绩,2003.现代项目管理教程[M].北京:中国宇航出版社.

许小峰,郭虎,廖晓农,等,2003.国外雷电监测与预报研究[M].北京:气象出版社.

杨文士,焦叔斌,张雁,等,2004.管理学原理[M].北京:中国人民大学出版社.

俞可平,2006.中国地方政府创新[M].北京:北京大学出版社.

虞昊,2005.现代防雷技术基础[M].北京:清华大学出版社.

张国庆,2000.行政管理学概论[M].北京:北京大学出版社.

张航燕,2010.中国自然垄断产业改革的产权模式研究[M].北京:经济管理出版社.

张树义,2002.行政法与行政诉讼法学[M].北京:高等教育出版社.

张义军,陶善昌,马明,等,2009.雷电灾害[M].北京:气象出版社.

赵成根,2004.官僚制与公共经济学[M].北京:中国青年出版社.

赵成根,2004.现代国家的政策过程[M].北京:中国青年出版社.

赵农,刘小鲁,2007.进入与退出的壁垒:理论及其应用[M].北京:中国市场出版社.

赵修渝,2001.自然辩证法概论[M].重庆:重庆大学出版社.

中国气象局雷电防护管理办公室,中国气象学会雷电防护委员会,2003.防雷法规文件选编[G].

中国气象学会雷电防护研究会,2002.首届中国防雷论坛论文摘编[C].上海:中国气象学会雷电防护研究会.

中国气象学会雷电防护研究会,2003.第二届中国防雷论坛论文摘编[C].北京:中国气象学会雷电防护研究会.

中国气象学会雷电防护研究会,2004.第三届中国防雷论坛论文摘编[C].深圳:中国气象学会雷电防护研究会.

中国气象学会雷电防护研究会,2005.第四届中国国际防雷论坛论文摘编[C].上海:中国气象学会雷电防护研究会.

中国气象学会雷电防护研究会,2006.第五届中国国际防雷论坛论文摘编[C].成都:中国气象学会雷电防护研究会.

中国气象学会雷电防护研究会,2007.第六届中国国际防雷论坛论文摘编[C].广州:中国气象学会雷电防护研究会.

朱锦清,2013.国有企业改革的法律调整[M].北京:清华大学出版社.

附　　录

中华人民共和国气象法
（节录）

（1999 年 10 月 31 日第九届全国人民代表大会常务委员会第十二次会议通过，2009 年 8 月 27 日第十一届全国人民代表大会常务委员会《关于修改部分法律的决定》第一次修正，2014 年 8 月 31 日第十二届全国人民代表大会常务委员会《关于修改〈中华人民共和国保险法〉等五部法律的决定》第二次修正，2016 年 11 月 7 日第十二届全国人民代表大会常务委员会第二十四次会议《关于修改〈中华人民共和国对外贸易法〉等十二部法律的决定》第三次修正）

第三十一条　各级气象主管机构应当加强对雷电灾害防御工作的组织管理，并会同有关部门指导对可能遭受雷击的建筑物、构筑物和其他设施安装的雷电灾害防护装置的检测工作。

安装的雷电灾害防护装置应当符合国务院气象主管机构规定的使用要求。

……

第三十四条　各级气象主管机构应当组织对城市规划、国家重点建设工程、重大区域性经济开发项目和大型太阳能、风能等气候资源开发利用项目进行气候可行性论证。

具有大气环境影响评价资质的单位进行工程建设项目大气环境影响评价时，应当使用符合国家气象技术标准的气象资料。

气象灾害防御条例
（节录）

（2010 年 1 月 27 日中华人民共和国国务院令第 570 号公布根据 2017 年 10 月 07 日《国务院关于修改部分行政法规的决定》修订）

第二十三条　各类建（构）筑物、场所和设施安装雷电防护装置应当符合国家有关防雷标准的规定。新建、改建、扩建建(构)筑物、场所和设施的雷电防护装置应当与主体工程同时设计、同时施工、同时投入使用。

新建、改建、扩建建设工程雷电防护装置的设计、施工,可以由取得相应建设、公路、水路、铁路、民航、水利、电力、核电、通信等专业工程设计、施工资质的单位承担。

油库、气库、弹药库、化学品仓库和烟花爆竹、石化等易燃易爆建设工程和场所,雷电易发区内的矿区、旅游景点或者投入使用的建(构)筑物、设施等需要单独安装雷电防护装置的场所,以及雷电风险高且没有防雷标准规范、需要进行特殊论证的大型项目,其雷电防护装置的设计审核和竣工验收由县级以上地方气象主管机构负责。未经设计审核或者设计审核不合格的,不得施工;未经竣工验收或者竣工验收不合格的,不得交付使用。

房屋建筑、市政基础设施、公路、水路、铁路、民航、水利、电力、核电、通信等建设工程的主管部门,负责相应领域内建设工程的防雷管理。

第二十四条 从事雷电防护装置检测的单位应当具备下列条件,取得国务院气象主管机构或者省、自治区、直辖市气象主管机构颁发的资质证:

(一)有法人资格;

(二)有固定的办公场所和必要的设备、设施;

(三)有相应的专业技术人员;

(四)有完备的技术和质量管理制度;

(五)国务院气象主管机构规定的其他条件。

从事电力、通信雷电防护装置检测的单位的资质证由国务院气象主管机构和国务院电力或者国务院通信主管部门共同颁发。

……

第二十七条 县级以上人民政府有关部门在国家重大建设工程、重大区域性经济开发项目和大型太阳能、风能等气候资源开发利用项目以及城乡规划编制中,应当统筹考虑气候可行性和气象灾害的风险性,避免、减轻气象灾害的影响。

……

第四十三条 违反本条例规定,地方各级人民政府、各级气象主管机构和其他有关部门及其工作人员,有下列行为之一的,由其上级机关或者监察机关责令改正;情节严重的,对直接负责的主管人员和其他直接责任人员依法给予处分;构成犯罪的,依法追究刑事责任:

(一)未按照规定编制气象灾害防御规划或者气象灾害应急预案的;

(二)未按照规定采取气象灾害预防措施的;

(三)向不符合条件的单位颁发雷电防护装置检测资质证的;

(四)隐瞒、谎报或者由于玩忽职守导致重大漏报、错报灾害性天气警报、气象灾害预警信号的;

（五）未及时采取气象灾害应急措施的；

（六）不依法履行职责的其他行为。

第四十四条　违反本条例规定，有下列行为之一的，由县级以上地方人民政府或者有关部门责令改正；构成违反治安管理行为的，由公安机关依法给予处罚；构成犯罪的，依法追究刑事责任：

（一）未按照规定采取气象灾害预防措施的；

（二）不服从所在地人民政府及其有关部门发布的气象灾害应急处置决定、命令，或者不配合实施其依法采取的气象灾害应急措施的。

雷电防护装置检测资质管理办法（中国气象局令第 31 号）

第一章　总则

第一条　为了加强雷电防护装置（以下简称防雷装置）检测资质管理，规范防雷装置检测行为，保护人民生命财产和公共安全，依据《中华人民共和国气象法》、《气象灾害防御条例》等法律法规，制定本办法。

第二条　申请防雷装置检测资质，实施对防雷装置检测资质的监督管理，适用本办法。

本办法所称防雷装置检测是指对接闪器、引下线、接地装置、电涌保护器及其连接导体等构成的，用以防御雷电灾害的设施或者系统进行检测的活动。

第三条　国务院气象主管机构负责全国防雷装置检测资质的监督管理工作。

省、自治区、直辖市气象主管机构负责本行政区域内防雷装置检测资质的管理和认定工作。

第四条　防雷装置检测资质等级分为甲、乙两级。

甲级资质单位可以从事《建筑物防雷设计规范》规定的第一类、第二类、第三类建（构）筑物的防雷装置的检测。

乙级资质单位可以从事《建筑物防雷设计规范》规定的第三类建（构）筑物的防雷装置的检测。

第五条　《防雷装置检测资质证》分正本和副本，由国务院气象主管机构统一印制。资质证有效期为五年。

第六条　防雷装置检测资质的认定应当遵循公开、公平、公正和便民、高效、信赖保护的原则。

第二章　资质申请条件

第七条　申请防雷装置检测资质的单位应当具备以下基本条件：

（一）独立法人资格；

（二）具有满足防雷装置检测业务需要的经营场所；

（三）从事防雷装置检测工作的人员应当取得《防雷装置检测资格证》，并在其从业单位参加社会保险；取得《防雷装置检测资格证》的人员中，应当有一定数量的与防雷、建筑、电子、电气、气象、通信、电力、计算机相关专业的高、中级专业技术人员；

（四）具有防雷装置检测质量管理体系，并有健全的技术、档案和安全管理制度；

（五）具有与所申请资质等级相适应的防雷装置检测能力和良好信誉；

（六）用于防雷装置检测的专用仪器设备应当经法定计量检定机构检定或校准，并在有效期内。

第八条 申请甲级资质的单位除了符合本办法第七条的基本条件外，还应当同时符合以下条件：

（一）具有与承担业务相适应的防雷装置检测专业技术人员，其中具有高级技术职称的不少于二名，具有中级技术职称的不少于六名；技术负责人应当具有高级技术职称，从事防雷装置检测工作五年以上，并具备相应资质等级要求的防雷装置检测专业知识和能力；

（二）近三年内开展的防雷装置检测项目不少于三百个，且未因检测质量问题引发事故；防雷装置检测项目通过省级气象主管机构组织的质量考核合格率达百分之九十以上；

（三）具有满足相应技术标准的专业设备（见附表1）；

（四）取得乙级资质三年以上。

第九条 申请乙级资质的单位除了符合本办法第七条的基本条件外，还应当同时符合以下条件：

（一）具有与承担业务相适应的防雷装置检测专业技术人员，其中具有高级技术职称的不少于一名，具有中级技术职称的不少于三名；技术负责人应当具有高级技术职称，从事防雷装置检测等工作三年以上，并具备相应资质等级要求的防雷装置检测专业知识和能力；

（二）具有满足相应技术标准的专业设备（见附表1）。

第三章 资质申请与受理

第十条 申请防雷装置检测资质的单位，应当向法人所在地的省、自治区、直辖市气象主管机构提出申请。

第十一条 满足本办法第七条和第九条相应条件的，可以申请防雷装置检测的乙级资质。申请单位应当提交以下书面材料：

（一）《防雷装置检测资质申请表》（见附表2）；

（二）事业单位法人证书或企业法人营业执照的正、副本的原件及复印件；

（三）《专业技术人员简表》（见附表3），取得《防雷装置检测资格证》的专业技术人员的技术职称证书、身份证明、劳动合同、社会保险关系证明和《防雷装置检测资格证》的原件及复印件；

（四）防雷装置检测质量管理手册；

（五）经营场所产权证明或租赁合同的原件及复印件；

（六）仪器、设备及相关设施清单；

（七）安全生产管理制度复印件。

第十二条　符合本办法第七条和第八条相应条件的，可以申请防雷装置检测的甲级资质。申请单位除了提交本办法第十一条所规定的书面材料外，还应当提交以下书面材料：

（一）现有资质证正、副本原件及复印件；

（二）《近三年已完成防雷装置检测项目表》（见附表4）和气象主管机构质量考核情况；

（三）近三年二十个以上防雷装置检测项目的相关资料。

第十三条　省、自治区、直辖市气象主管机构应当在收到全部申请材料之日起五个工作日内作出是否受理的决定，并出具加盖本行政机关专用印章和注明日期的书面凭证。

第四章　资质审查与评审

第十四条　省、自治区、直辖市气象主管机构受理后，可以根据工作需要指派两名以上工作人员到申请单位进行现场核查。

第十五条　省、自治区、直辖市气象主管机构受理后，应当委托防雷装置检测资质评审委员会评审，并对评审结果进行审查。评审委员会评审时应当以记名投票方式进行表决，并提出评审意见。

省、自治区、直辖市气象主管机构应当建立防雷装置检测资质评审专家库，报国务院气象主管机构备案。

防雷装置检测资质评审委员会的委员应当从防雷装置检测资质评审专家库中随机抽取确定，并报国务院气象主管机构备案。

第十六条　省、自治区、直辖市气象主管机构应当自受理行政许可申请之日起二十个工作日内作出认定，专家评审所需时间不计入许可审查时限，但应当在作出受理决定时书面告知申请单位。

通过认定的，认定机构颁发《防雷装置检测资质证》，并在作出认定后三十个工作日内报国务院气象主管机构备案。

未通过认定的，认定机构在十个工作日内书面告知申请单位，并说明理由。

第五章　监督管理

第十七条　防雷装置检测单位及其人员从事防雷装置检测活动，应当遵守国家有关技术规范和标准。

第十八条　防雷装置检测单位应当遵循客观、公平、公正、诚信原则,确保其出具的防雷装置检测数据、结果的真实、客观、准确,并对防雷装置检测数据、结果负责。

第十九条　防雷装置检测单位不得与其检测项目的设计、施工单位以及所使用的防雷产品生产、销售单位有隶属关系或者其他利害关系。

第二十条　防雷装置检测资质管理实行年度报告制度。

防雷装置检测单位应当从取得资质证后次年起,在每年的第二季度向资质认定机构报送年度报告。年度报告应当包括持续符合资质认定条件和要求、遵守技术标准和规范情况、检测项目表以及统计数据等内容。

资质认定机构对年度报告内容进行抽查,将抽查结果记入信用档案并公示。

第二十一条　取得防雷装置检测资质的单位,应当在资质证有效期满三个月前,向原认定机构提出延续申请。原认定机构根据年度报告、信用档案及资质申请条件,在有效期满前作出准予延续、降低等级或者注销的决定。逾期未提出延续申请的,资质证到期自动失效。

第二十二条　取得防雷装置检测资质的单位在资质证有效期内名称、地址、法定代表人等发生变更的,应当在法人资格管理部门变更登记后三十个工作日内,向原资质认定机构申请办理资质证变更手续。

取得防雷装置检测资质的单位发生合并、分立以及注册地跨省、自治区、直辖市变更的,应当按照本办法规定的程序及时向所在地的省、自治区、直辖市气象主管机构申请核定资质。

取得防雷装置检测资质的单位合并的,合并后存续或者新设立的单位可以承继合并前各方中较高等级的资质,但应当符合相应的资质条件。

取得防雷装置检测资质的单位分立的,分立后资质等级根据实际达到的资质条件重新核定。

取得防雷装置检测资质的单位跨省、自治区、直辖市变更注册地的,由新注册所在地的省、自治区、直辖市气象主管机构核定资质。

第二十三条　取得防雷装置检测资质的单位,应当按照资质等级承担相应的防雷装置检测工作。禁止无资质证或者超出资质等级承接防雷装置检测,禁止转包或者违法分包。

取得《防雷装置检测资格证》的专业技术人员,不得同时在两个以上防雷装置检测资质单位兼职执业。

第二十四条　任何单位不得以欺骗、弄虚作假等手段取得资质,不得伪造、涂改、出租、出借、挂靠、转让《防雷装置检测资质证》。

第二十五条　省、自治区、直辖市气象主管机构应当组织或委托第三方专业技术机构对防雷装置检测单位的检测质量进行考核。

第二十六条　县级以上地方气象主管机构对本行政区域内的防雷装置检测活动进行监督检查,可以采取下列措施:

(一)要求被检查的单位或者个人提供有关文件和资料,进行查询或者复制;

(二)就有关事项询问被检查的单位或者个人,要求作出说明;

(三)进入有关防雷装置检测现场进行监督检查。

气象主管机构进行监督检查时,有关单位和个人应当予以配合。

第二十七条　取得防雷装置检测资质的单位达不到防雷装置检测资质条件的,由原资质认定的气象主管机构责令限期整改,整改后仍达不到资质条件的,予以降低等级或撤销资质。

第二十八条　省、自治区、直辖市气象主管机构应当对本行政区域内取得防雷装置检测资质的单位建立信用管理制度,将防雷装置检测活动和监督管理等信息纳入信用档案,并作为资质延续、升级的依据。

第二十九条　防雷装置检测单位有下列情形之一的,县级以上气象主管机构视情节轻重,责令限期整改,拒不整改,情节严重的,依法追究法律责任:

(一)防雷装置检测标准适用错误的;

(二)防雷装置检测方法不正确的;

(三)防雷装置检测内容不全面、达不到相关技术要求或不足以支持防雷装置检测结论的;

(四)防雷装置检测结论不明确、不全面或错误的。

第三十条　鼓励防雷行业组织对防雷装置检测活动实行行业自律管理,并接受省、自治区、直辖市气象主管机构的政策、业务指导和行业监管。

第三十一条　国务院气象主管机构应当建立全国防雷装置检测单位信用信息、资质等级情况公示制度。省、自治区、直辖市气象主管机构应当在本行政区域内对防雷装置检测单位的监督管理、信用信息等情况及时予以公布。

第六章　罚则

第三十二条　国家工作人员在防雷装置检测资质的认定和管理工作中玩忽职守、滥用职权、徇私舞弊的,依法给予行政处分;构成犯罪的,依法追究刑事责任。

第三十三条　申请单位隐瞒有关情况、提供虚假材料申请资质认定的,有关气象主管机构不予受理或者不予行政许可,并给予警告。申请单位在一年内不得再次申请资质认定。

第三十四条　被许可单位以欺骗、贿赂等不正当手段取得资质的,有关气象主管机构按照权限给予警告,撤销其资质证;被许可单位在三年内不得再次申请资质认定;构成犯罪的,依法追究刑事责任。

第三十五条　防雷装置检测单位违反本办法规定,有下列行为之一的,由县级以上气象主管机构按照权限责令限期改正,拒不改正的给予警告,《防雷装置检测资质证》到期后不予延续;处罚结果纳入全国防雷装置检测单位信用信息系统并向社会公示:

（一）伪造、涂改、出租、出借、挂靠、转让防雷装置检测资质证的;

（二）向监督检查机构隐瞒有关情况、提供虚假材料或者拒绝提供反映其活动情况的真实材料的;

（三）转包或者违法分包防雷装置检测项目的;

（四）与检测项目的设计、施工单位以及所使用的防雷产品生产、销售单位有隶属关系或者其他利害关系的;

（五）使用不符合条件的防雷装置检测人员的。

第三十六条　无资质或者超越资质许可范围从事防雷装置检测的,或者在防雷装置检测中弄虚作假的,按照《气象灾害防御条例》第四十五条的规定进行处罚。

第七章　附则

第三十七条　电力、通信防雷装置检测资质管理办法由国务院气象主管机构会同国务院电力或者国务院通信主管部门共同制定,另行公布。

第三十八条　在本办法施行前,已取得各省、自治区、直辖市气象主管机构颁发的防雷装置检测资质的单位,应当在 2017 年 9 月 30 日前,按照本办法规定重新核定资质。

第三十九条　各省、自治区、直辖市气象主管机构可以根据本办法制定实施细则,并报国务院气象主管机构备案。

第四十条　本办法自 2016 年 10 月 1 日起施行。

（附表 1～4 略）

国务院关于优化建设工程防雷许可的决定

（国发〔2016〕39 号）

各省、自治区、直辖市人民政府,国务院各部委、各直属机构:

根据简政放权、放管结合、优化服务协同推进的改革要求,为减少建设工程防雷重复许可、重复监管,切实减轻企业负担,进一步明确和落实政府相关部门责任,加强事中事后监管,保障建设工程防雷安全,现作出如下决定:

一、整合部分建设工程防雷许可

（一）将气象部门承担的房屋建筑工程和市政基础设施工程防雷装置设计审核、竣工验收许可,整合纳入建筑工程施工图审查、竣工验收备案,统一由住房城乡建设部门监管,切实优化流程、缩短时限、提高效率。

（二）油库、气库、弹药库、化学品仓库、烟花爆竹、石化等易燃易爆建设工程和场所,雷电易发区内的矿区、旅游景点或者投入使用的建（构）筑物、设施等需要单独安装雷电防护装置的场所,以及雷电风险高且没有防雷标准规范、需要进行特殊论证的大型项目,仍由气象部门负责防雷装置设计审核和竣工验收许可。

（三）公路、水路、铁路、民航、水利、电力、核电、通信等专业建设工程防雷管理,由各专业部门负责。

二、清理规范防雷单位资质许可

取消气象部门对防雷专业工程设计、施工单位资质许可;新建、改建、扩建建设工程防雷的设计、施工,可由取得相应建设、公路、水路、铁路、民航、水利、电力、核电、通信等专业工程设计、施工资质的单位承担。同时,规范防雷检测行为,降低防雷装置检测单位准入门槛,全面开放防雷装置检测市场,允许企事业单位申请防雷检测资质,鼓励社会组织和个人参与防雷技术服务,促进防雷减灾服务市场健康发展。

三、进一步强化建设工程防雷安全监管

（一）气象部门要加强对雷电灾害防御工作的组织管理,做好雷电监测、预报预警、雷电灾害调查鉴定和防雷科普宣传,划分雷电易发区域及其防范等级并及时向社会公布。

（二）各相关部门要按照谁审批、谁负责、谁监管的原则,切实履行建设工程防雷监管职责,采取有效措施,明确和落实建设工程设计、施工、监理、检测单位以及业主单位等在防雷工程质量安全方面的主体责任。同时,地方各级政府要继续依法履行防雷监管职责,落实雷电灾害防御责任。

（三）中国气象局、住房城乡建设部要会同相关部门建立建设工程防雷管理工作机制,加强指导协调和相互配合,完善标准规范,研究解决防雷管理中的重大问题,优化审批流程,规范中介服务行为。

建设工程防雷许可具体范围划分,由中国气象局、住房城乡建设部会同中央编办、工业和信息化部、环境保护部、交通运输部、水利部、国务院法制办、国家能源局、国家铁路局、中国民航局等部门研究确定并落实责任,及时向社会公布,2016年底前完成相关交接工作。相关部门要按程序修改《气象灾害防御条例》,对涉及的部门规章等进行清理修订。国务院办公厅适时组织督查,督促各部门、各地区在规定时限内落实改革要求。

本决定自印发之日起施行,已有规定与本决定不一致的,按照本决定执行。

国务院

2016 年 6 月 24 日

重庆市气象灾害防御条例

(2002 年 12 月 6 日重庆市第一届人民代表大会常务委员会第四十四次会议通过,根据 2004 年 6 月 28 日重庆市第二届人民代表大会常务委员会第十次会议《关于取消部分地方性法规中行政许可项目的决定》第一次修正,根据 2005 年 5 月 27 日重庆市第二届人民代表大会常务委员会第十七次会议《关于修改〈重庆市气象灾害防御条例〉的决定》第二次修正,根据 2010 年 7 月 23 日重庆市第三届人民代表大会常务委员会第十八次会议《关于修改部分地方性法规的决定》第三次修正,2017 年 9 月 29 日重庆市第四届人民代表大会常务委员会第三十九次会议修订)

第一章　总则

第一条　为了防御气象灾害,避免、减轻气象灾害造成的损失,保障人民生命和财产安全,促进经济社会发展,根据《中华人民共和国气象法》、《气象灾害防御条例》等法律、行政法规,结合本市实际,制定本条例。

第二条　在本市行政区域内从事气象灾害防御活动,适用本条例。

本条例所称气象灾害,是指因暴雨、干旱、大风、雷电、冰雹、高温、低温、连阴雨、大雾、大雪、寒潮、霜冻等造成的灾害。

本市其他地方性法规对水旱灾害、地质灾害、森林火灾等因气象因素引发的衍生、次生灾害的防御工作另有规定的,依照其规定。

第三条　气象灾害防御遵循以人为本、科学防御、统筹规划、综合减灾的原则,坚持政府主导、部门联动、分级负责、社会参与。

第四条　市、区县(自治县)人民政府应当加强对气象灾害防御工作的组织领导,建立健全气象灾害防御协调机制,将气象灾害防御工作纳入本级国民经济和社会发展规划,所需资金纳入本级财政预算。

乡(镇)人民政府、街道办事处应当组织开展本行政区域内的气象灾害防御知识宣传、应急处置、信息传递、灾情报告和协助灾情调查等工作。

第五条　市、区县(自治县)气象主管机构负责灾害性天气的监测、预报、预警以及气象灾害风险评估、气候可行性论证、雷电灾害防御、人工影响天气等气象灾害防御的组织管理工作。

市、区县(自治县)发展改革、农业、水利、国土房管、林业、城乡建设、交通、环保、安监、消防、城乡规划、城市管理、教育、通信等部门和应急工作机构依据各自职责,做好有关的气象灾害防御工作。

第六条　公民、法人和其他组织有义务参与气象灾害防御工作,提高风险防范意识和避灾避险能力,在气象灾害发生后积极开展自救互救。

市、区县(自治县)人民政府对在气象灾害防御工作中做出突出贡献的组织和个人,给予表彰和奖励。

第七条 市人民政府应当组织开展气象灾害发生机理和气象灾害监测、预报、预警、防御、风险管理等研究,鼓励技术创新,推广先进适用技术,支持国内外技术交流与合作,加强气象灾害防御标准化和规范化建设,提高气象灾害防御能力。

第八条 各级人民政府及有关部门应当采取多种形式,组织开展气象灾害防御知识的宣传普及,提高社会公众的防灾减灾意识和应急避险能力。

学校应当把气象灾害防御知识纳入教育内容,培养和提高学生的气象灾害防范意识和自救互救能力。教育、气象、科技等部门应当给予指导和监督。

第二章 规划与建设

第九条 市、区县(自治县)人民政府应当组织气象主管机构和其他有关部门定期开展气象灾害普查,建立气象灾害数据库,进行气象灾害风险评估,并根据气象灾害分布情况和气象灾害风险评估结果,编制气象灾害风险区划。

气象灾害风险评估应当包括以下内容:

(一)气象灾害历史和地域分布特点;

(二)可能遭受的气象灾害种类、风险等级分析;

(三)气象灾害风险管控对策和措施及其技术经济分析;

(四)气象灾害风险评估的结论。

第十条 市、区县(自治县)人民政府应当组织气象主管机构和其他有关部门编制本行政区域的气象灾害防御规划。

气象灾害防御规划应当包括以下内容:

(一)气象灾害趋势的分析预测和防御工作现状;

(二)气象灾害防御的原则、目标和主要任务;

(三)气象灾害风险易发区和防御布局;

(四)防御重点工程建设以及保障措施;

(五)法律、法规规定的其他内容。

第十一条 市、区县(自治县)人民政府及有关部门应当根据本地气象灾害发生情况和气象灾害防御规划,加强气象灾害预防、监测、预报、预警、信息发布与传播等气象灾害防御基础设施和信息系统的建设,做好气象灾害防御工作。

第十二条 任何组织或者个人不得侵占、损毁或者擅自移动气象灾害防御设施。

气象灾害防御设施受到损坏的,当地人民政府及有关部门或者气象灾害防御设施管理单位应当及时采取措施、进行修复,确保气象灾害防御设施正常运行。

第十三条 无线电管理部门应当安排气象无线电专用频道和信道,确保气象灾害信息的传输。

第三章　监测、预报与预警

第十四条　市人民政府应当组织制定气象防灾减灾救灾信息传递与共享技术标准。

市、区县（自治县）人民政府应当建立气象灾害风险隐患信息以及监测、预警和灾情等信息平台及其共享机制。

第十五条　市、区县（自治县）气象主管机构应当组织对重大灾害性天气和气象灾害的联合监测，根据防御气象灾害的需要建立跨地区、跨部门的联合监测网络，加强监测、预报、预警的联动联防和信息沟通。

联合监测网络成员单位由气象主管机构提出，报本级人民政府审定。

联合监测网络成员单位应当及时交换和共享气象灾害和防灾减灾相关信息。

第十六条　市、区县（自治县）气象主管机构及其所属的气象台站应当完善灾害性天气的监测预报系统，加强对暴雨、大风、雷电、冰雹等强对流天气系统的研究分析，提高灾害性天气的诊断预报能力。

第十七条　各级气象台站监测到灾害性天气或者气象灾害可能发生时，应当立即报告有关气象主管机构。

市、区县（自治县）气象主管机构对气象台站报送的气象灾害预警信息汇总分析后，应当及时报告本级人民政府和上级主管机构，不得延报或者瞒报。

第十八条　市、区县（自治县）气象、环保、卫生计生、公安、交通、城市管理、旅游、农业、水利、国土房管、林业等有关部门应当共同做好气象因素对大气环境质量、疾病疫情、道路交通安全、城市积涝、旅游安全等影响的联合分析研判和预警。

第十九条　灾害性天气警报和气象灾害预警信号由市、区县（自治县）气象主管机构所属的气象台站按照职责分工向社会统一发布，并及时向有关灾害防御、救助部门通报。其他组织或者个人不得以任何形式向社会发布灾害性天气警报和气象灾害预警信号。

第二十条　市、区县（自治县）人民政府及有关部门应当建立健全气象灾害预警信息传播机制，重点加强农村、山区、景区等风险隐患点预警信息接收和传播终端建设，充分利用广播、电视、报刊、网络、手机短信、电子显示屏等传播渠道及时向受影响的公众传播气象灾害预警信息。

乡（镇）人民政府、街道办事处应当确定人员负责接收和传播气象灾害预警信息，对偏远地区人群，督促村民委员会、居民委员会和有关单位采取高音喇叭、鸣锣吹哨、逐户告知等多种方式及时传播气象灾害预警信息。

广播、电视、报刊、网络等媒体应当及时、准确、无偿播发或者刊载气象灾害预警信息，并标明发布时间和发布的气象台站名称，不得删改气象灾害预警信息的内容，不得传播虚假和其他误导公众的气象灾害预警信息。紧急情况下，基础电信运营企业应当按照有关规定，无偿向本地全网用户发送应急短信，提醒社会公众做好防御准备。

第四章　防灾减灾

第二十一条　市、区县(自治县)气象主管机构应当会同有关部门制定本行政区域的气象灾害应急预案,经本级人民政府批准后发布,并报上一级人民政府、气象主管机构备案。

市、区县(自治县)有关部门制定的突发事件应急预案中涉及气象灾害防御的,应当与气象灾害应急预案相互衔接。

乡(镇)人民政府、街道办事处应当制定气象灾害应急预案或者将气象灾害防御工作纳入综合应急预案。

第二十二条　各级人民政府、有关部门应当根据灾害性天气警报、气象灾害预警信号和气象灾害应急预案启动标准,及时启动相应应急预案,加强灾害分析会商,并按照各自职责做好相应的应急处置工作。

公民、法人和其他组织接到气象灾害预警信息,应当及时采取应急处置措施,避免、减轻气象灾害造成的损失。

第二十三条　气象灾害发生地的区县(自治县)人民政府应当组织有关部门开展灾情调查和救助工作。重大气象灾害的灾情调查和救助工作,由市人民政府统一组织和领导。

气象灾情调查结果应当及时向上级人民政府和有关部门报告,不得虚报、瞒报或者迟报。

第二十四条　市、区县(自治县)编制城乡规划、土地利用总体规划和基础设施建设、旅游开发建设等规划时,应当结合当地气象灾害的特点和可能造成的危害,科学确定规划内容。编制机关应当就气候可行性、气象灾害参数、空间布局等内容,征求气象主管机构意见。

市、区县(自治县)气象主管机构应当按照国家强制性评估的要求,对重大建设工程、重大区域性经济开发项目和大型太阳能、风能等气候资源开发利用项目进行气候可行性论证。具体项目范围和管理办法,由市人民政府确定。

第二十五条　市、区县(自治县)人民政府应当加强对人工影响天气工作的领导和协调。

气象主管机构根据当地抗旱防雹、森林防火、生态保护以及重大社会活动服务等需要,制定人工影响天气作业方案,经本级人民政府批准后组织实施。

其他有关部门应当按照职责分工,配合气象主管机构做好人工影响天气的有关工作。

第二十六条　各级人民政府及有关部门和单位应当根据本地降雨情况,做好暴雨防范应对工作。

城市管理部门和排水管网运营单位应当根据本地暴雨强度,做好排水管网和防涝设施的设计、建设和改造,定期进行巡查维护,保持排水通畅,并在城镇易涝点开展积涝实时监控、设置警示标识。

水利部门应当加强水库、山坪塘、堤防等重点防洪设施的巡查和水位监测预警,及时疏通河道,加固病险水库,组织做好山洪灾害的群测群防工作。

第二十七条 各级人民政府及有关部门和单位应当科学规划,完善城市通风廊道系统,逐步增加绿地和水域面积,优化生产、生活、生态空间布局,减少人为热源排放,减轻高温热浪的影响,做好高温干旱期间的供电、供水、防火、防暑等有关工作。

第二十八条 大风多发区域的各级人民政府及有关部门应当组织开展大风灾害隐患和风险排查,并根据大风监测预警信息,指导有关单位强化大风防范措施。

建(构)筑物、场所和设施等所有权人或者管理人应当定期开展防风避险巡查,设置必要的警示标志,采取防护措施,避免搁置物、悬挂物脱落、坠落。

建筑工地的施工单位应当加强防风安全管理,加固临时设施。

船舶所有人、经营人或者管理人应当遵守有关大风期间船舶避风的规定。

第二十九条 冰雹多发区域的各级人民政府应当组织气象、农业、林业、烟草等有关部门和单位,加强冰雹灾害的调查,确定重点防范区,适时开展人工防雹作业。

第三十条 大雾、霾多发区域的各级人民政府及有关部门和单位应当建设和完善机场、高速公路、航道、港口等重要场所和交通要道的大雾、霾监测和防护等设施,并在大雾、霾天气期间,适时做好信息发布及公开、交通疏导、人工影响天气作业、限制污染物排放、减少户外活动等防范工作。

第三十一条 各级人民政府及有关部门和单位应当根据本地降雪、冰冻发生情况,加强电力、通信、供水等管线和道路的巡查,做好管线冰冻、道路结冰防范和交通疏导,引导群众做好防寒保暖准备。

低温、霜冻多发区域的各级人民政府应当组织调整农业生产布局和种植业结构,指导农业、渔业、畜牧业等行业采取防寒、防霜冻、防冰冻措施。

第三十二条 各级人民政府应当将防雷减灾工作纳入公共安全监督管理的范围。气象主管机构和房屋建筑、市政基础设施、公路、水路、铁路、民航、水利、电力、核电、通信等建设工程的主管部门应当按照职责分工,加强建设工程防雷监督管理,落实防雷安全监管责任。

建(构)筑物、场所或者设施应当按照国家、行业和地方标准和规定,安装雷电防护装置。新建、改建、扩建建(构)筑物、场所或者设施的防雷装置应当与主体工程同时设计、同时施工、同时投入使用。所有权人或者管理人应当对投入使用的防雷装置进行日常维护,并定期组织开展防雷装置检测。易燃、易爆、危险场所的防雷装置每半年检测一次,其他场所的防雷装置每年检测一次。

从事防雷装置检测的单位应当依法取得相应的资质。

第三十三条 市气象主管机构应当会同有关行业主管部门,根据本地区气象灾害特点,确定该行业的气象灾害敏感单位,并向社会公布。

市、区县(自治县)气象主管机构和气象灾害敏感单位主管部门应当加强对气象灾害敏感单位的气象防灾减灾救灾监督检查,指导其制定气象灾害应急预案,开展气象灾害防御培训,督促进行气象灾害隐患排查整治和应急演练。

本条例所称气象灾害敏感单位,是指根据其地理位置、气候背景、工作特性,在遭受灾害性天气时,可能发生较大人身伤亡或者财产损失的单位。

第三十四条 气象灾害敏感单位应当履行气象灾害防御主体责任,落实下列气象灾害防御措施:

(一)确定气象灾害防御管理人,负责本单位的气象灾害防御管理工作;

(二)组织开展气象灾害风险评估,确定气象灾害防御重点部位,制定本单位气象灾害防御工作责任制度,编制气象灾害应急预案;

(三)设置气象灾害预警信息接收终端和健全相应的气象灾害防御设施;

(四)开展气象灾害风险隐患排查整治和应急演练,建立有关工作台账;

(五)法律、法规规定的其他职责。

第五章 社会参与

第三十五条 村民委员会、居民委员会应当协助做好气象防灾避险知识宣传、灾害隐患排查、灾害预警信息传播、灾情统计上报等工作,避免、减轻气象灾害造成的损失。

学校、医院、矿区、车站、机场、港口、高速公路、旅游景点、易燃易爆场所等对当地气象台站发布的气象灾害预警信息,应当利用电子显示屏、广播、公告栏等渠道及时传播。

第三十六条 鼓励法人和其他组织参与气象灾害预警信息传播设施的建设,宣传普及气象灾害防御知识,传播气象灾害预警信息,在有关部门指导下参与应急处置工作,提供避难场所和其他人力、物力支持。

鼓励志愿者、志愿者组织参与气象灾害防御科普宣传、应急演练和灾害救援等活动。

第三十七条 气象灾害防御相关行业组织应当加强行业自律,制定行业规范,开展防灾减灾培训,提升专业技术能力和行业服务水平,配合有关部门做好气象灾害防御工作。

第三十八条 鼓励广播、电视、报刊、网络等媒体刊播气象防灾减灾公益广告,宣传气象灾害防御法律、法规和科学知识。

第三十九条 鼓励建立与气象灾害有关的保险制度。通过政策、资金支持,引导公民、法人和其他组织积极参加气象灾害保险、气象指数保险,减少气象灾害损失。

第六章 法律责任

第四十条 广播、电视、报刊、网络等媒体和基础电信运营企业违反本条例规定,有下列行为之一的,由市、区县(自治县)气象主管机构责令改正,给予警告,可以处一万元以上五万元以下罚款;对直接负责的主管人员和其他直接责任人员,由有权机关依法给予处分:

(一)未按照要求播发或者刊登气象灾害预警信息的;

(二)传播虚假和其他误导公众的气象灾害预警信息的。

第四十一条 违反本条例规定,有下列行为之一的,由气象主管机构或者其他有关部门按照权限责令改正,给予警告,可以处一万元以上三万元以下罚款;给他人造成损失的,依法承担赔偿责任;构成犯罪的,依法追究刑事责任:

(一)应当安装防雷装置而拒不安装的;

(二)应当组织对防雷装置进行检测而未开展检测的或者经检测不合格且逾期未整改的。

第四十二条 气象灾害敏感单位违反本条例规定,未落实气象灾害防御措施的,由气象主管机构或者其他有关主管部门责令改正;情节严重的,对直接负责的主管人员和其他直接责任人员依法给予处分;构成犯罪的,依法追究刑事责任。

第四十三条 违反本条例规定,各级人民政府、气象主管机构和其他有关部门及其工作人员,有下列行为之一的,由其上级机关或者监察机关责令改正;情节严重的,对直接负责的主管人员和其他直接责任人员依法给予处分;构成犯罪的,依法追究刑事责任:

(一)联合监测网络成员不及时交换共享相关气象防灾减灾信息的;

(二)收到气象灾害预警信息后,未及时向社会公众传播的;

(三)未按照规定启动气象灾害应急响应以及未按照规定采取应急措施的;

(四)虚报、瞒报或者迟报气象灾情调查结果的;

(五)未履行对气象灾害敏感单位监督检查职责的;

(六)不依法履行职责的其他行为。

第七章 附则

第四十四条 本条例自2018年1月1日起施行。

国务院关于第一批清理规范89项国务院部门行政审批中介服务事项的决定

(国发〔2015〕58号,2015年10月11日)

国务院各部委、各直属机构:

根据推进政府职能转变和深化行政审批制度改革的部署和要求,国务院决定第一批清理规范 89 项国务院部门行政审批中介服务事项,不再作为行政审批的受理条件。

各有关部门要加强组织领导,认真做好清理规范行政审批中介服务事项的落实工作,加快配套改革和相关制度建设,加强事中事后监管,保障行政审批质量和效率。要制定完善中介服务的规范和标准,指导监督本行业中介服务机构建立相关制度,规范中介服务机构及从业人员执业行为,细化服务项目、优化服务流程、提高服务质量,营造公平竞争、破除垄断、优胜劣汰的市场环境,促进中介服务市场健康发展,不断提高政府管理科学化、规范化水平。

附件:国务院决定第一批清理规范的国务院部门行政审批中介服务事项目录(共计 89 项)

国务院决定第一批清理规范的国务院部门
行政审批中介服务事项目录(节录)

(共计 89 项)

序号	中介服务事项名称	涉及的审批事项项目名称	审批部门	中介服务设定依据	中介服务实施机构	处理决定
70	防雷装置设计技术评价	防雷装置设计审核和竣工验收	中国气象局	《防雷装置设计审核和竣工验收规定》(中国气象局令第21号)	具备能力的防雷技术服务机构或地方性法规明确的机构	不再要求申请人提供防雷装置设计技术评价报告,改由审批部门委托有关机构开展防雷装置设计技术评价

国务院关于第二批清理规范 192 项
国务院部门行政审批中介服务事项的决定

(国发〔2016〕11 号,2016 年 2 月 3 日)

国务院各部委、各直属机构:

经研究论证,国务院决定第二批清理规范 192 项国务院部门行政审批中介服务事项,不再作为行政审批的受理条件。

各有关部门要认真做好清理规范行政审批中介服务事项的落实工作,加快推进配套改革和相关制度建设,切实加强事中事后监管。对于涉及公共安全的行政审批事项,中介服务清理规范后,要进一步强化相关监管措施,确保安全责任落实到位。

附件:国务院决定第二批清理规范的国务院部门行政审批中介服务事项目录(共计 192 项)

国务院决定第二批清理规范的国务院部门
行政审批中介服务事项目录(节录)

（共计 192 项）

序号	中介服务事项名称	涉及的审批事项目名称	审批部门	中介服务设定依据	中介服务实施机构	处理决定
95	新建、改建、扩建建(构)筑物防雷装置检测	防雷装置设计审核和竣工验收	中国气象局	《防雷减灾管理办法》(中国气象局令第20号,2013年5月31日予以修改)《防雷装置设计审核和竣工验收规定》(中国气象局令第21号)	取得相应防雷装置检测资质的单位	不再要求申请人提供新建、改建、扩建建(构)筑物防雷装置检测报告,改由审批部门委托有关机构开展新建、改建、扩建建(构)筑物防雷装置检测

中共中国气象局党组
关于防雷减灾体制改革的意见

（中气党发〔2015〕53 号,2015 年 12 月 21 日）

各省(区、市)气象局党组,各直属单位党委,各内设机构:

为贯彻落实中央全面深化改革的总体部署,坚持创新、协调、绿色、开放、共享的发展理念,进一步做好防雷减灾工作,现就防雷减灾体制改革提出如下意见:

一、总体要求

坚持依法履行职责,加强防雷减灾安全管理,强化防雷减灾公共服务职能,改革创新防雷减灾行政管理、业务服务和市场监管体制机制。坚持简政放权、放管结合,深化防雷减灾行政审批制度改革,开放防雷减灾服务市场,加强事中事后监管。坚持科技创新,提高雷电灾害监测预报预警能力,全面提升防雷减灾服务水平,更好地保障经济社会发展和人民生命财产安全。

二、构建防雷减灾安全责任体系

细化落实防雷减灾安全管理中政府的领导责任、部门的监管责任、企业的主体责任。完善防雷减灾安全管理工作机制,把防雷减灾安全工作纳入地方政府考核评价指标体系。认真落实权力清单和责任清单制度,强化对防雷减灾权力监督和问责,确保权责一致。组织建立健全雷电灾害隐患排查和风险治理机制,及时发现和消除雷电灾害安全隐患。

三、强化防雷减灾行政审批管理

严格按照法定权限、法定程序和审批时限规范防雷装置设计审核和竣工验收行政审批行为。做好中国气象局已下放的防雷装置检测单位资质认定和防雷工程专业设计、施工单位甲级资质认定两项行政审批事项的有序承接。加强已取消的外地防雷工程专业资质备案核准和防雷产品使用备案核准两项非行政许可审批事项的事中事后监管。创新审批方式,推行"一个窗口"受理和网上审批,简化审批程序,优化审批流程,提高行政审批时效。建立健全防雷减灾行政审批监督机制,严肃查处违法违规审批行为,严格责任追究。按照国务院有关要求全面做好雷电灾害风险评估、防雷产品测试、防雷装置设计技术评价和新建、改建、扩建建(构)筑物防雷装置检测等4项行政审批中介服务的清理规范工作。

四、开放防雷减灾服务市场

培育和发展防雷减灾服务市场主体,支持和鼓励具有条件的企事业单位参与防雷装置检测、防雷工程等服务,形成多元主体参与、竞争有序的防雷减灾服务新格局,提升防雷减灾服务供给能力。制定防雷装置检测资质管理办法,修订防雷工程专业资质管理办法,依法规范防雷减灾服务市场准入管理,建立公平开放透明的防雷减灾服务市场规则,优化防雷减灾服务市场的政策环境。

五、强化防雷减灾服务市场监管

建立完善防雷减灾服务市场信用评价体系和监管机制,制定防雷减灾服务机构信用评价、服务质量考核、信息公开等标准和配套制度,规范服务机构及从业人员行为。探索建立综合执法、协同监管措施,加强防雷减灾服务市场监督抽查和过程监管,维护防雷减灾服务市场秩序。加强执法队伍建设,落实执法人员持证上岗和资格管理制度,规范执法行为,提高防雷减灾执法能力和水平。发挥社会组织的作用,加强防雷减灾服务行业自律管理。

六、提升防雷减灾业务能力与公共服务水平

优化防雷减灾业务布局,合理调整防雷减灾业务分工,加强雷电监测和预报预警基础业务体系建设。提高雷电预报预警精细化水平,扩大雷电预警信息发布的覆盖面。发展防雷减灾专业专项服务,提高服务产品的针对性和专业化水平。加强雷电监测技术、雷电致灾机理、雷电灾害调查鉴定和防护技术研究,提升防雷减灾的科技支撑能力。

七、完善防雷减灾工作机制

明确职责,完善机制,推进防雷减灾政事企分开。防雷减灾行政管理机构主要负责组织防雷减灾政策规划和制度规范等的制定和实施,承担防雷减灾行政审批、市场监管和执法监督等工作。雷电监测和预报预警等基础业务由相关事业单位承

担。防雷减灾行政审批和市场监管过程中的技术支撑由气象灾害防御技术服务机构承担。防雷服务企业要按照现代企业制度运营管理,参与市场公平竞争。有序推进防雷减灾机构调整,妥善安置转岗分流人员。落实中央和地方财力与事权相匹配的财政保障机制,推动双重计划财务体制落实。

八、加强组织实施

各省(区、市)气象局要高度重视防雷减灾体制改革工作,切实履行改革的主体责任。要结合实际制定本省(区、市)防雷减灾体制改革实施方案,细化改革措施,明确工作步骤,切实抓好落实。加强防雷改革政策的宣传解读,及时回应社会关切,释疑解惑、凝聚共识,营造良好改革氛围。中国气象局将加大对各地改革推进情况的督查力度,确保各项改革措施落地生根。

中国气象局关于认真落实国务院第一批取消中央指定地方实施行政审批事项和清理规范第一批行政审批中介服务事项有关要求的通知

(气发〔2015〕72 号)

各省(区、市)气象局,各内设机构,各直属单位:

近日,国务院印发《国务院关于第一批取消 62 项中央指定地方实施行政审批事项的决定》(国发〔2015〕57 号,以下简称国发 57 号文件)和《国务院关于第一批清理规范 89 项国务院部门行政审批中介服务事项的决定》(国发〔2015〕58 号,以下简称国发 58 号文件),取消了"其他部门新建、撤销气象台站审批"、"防雷工程专业设计、施工资质年检"和"施放气球资质证年检"3 项中央指定地方实施行政审批事项,并对"绘制新建、扩建、改建建筑工程与气象探测设施或观测场布局图"、"建设项目雷电灾害风险评估"、"防雷产品测试"和"防雷装置设计技术评价"4 项行政审批中介服务事项进行了清理规范。为全面贯彻落实国务院决定,切实做好取消中央指定地方实施行政审批事项和清理规范行政审批中介服务事项的衔接和落实工作,确保气象行政审批制度改革和防雷减灾体制改革有序推进,现就有关事项通知如下:

一、认真落实国务院决定,切实做好行政审批工作

各省(区、市)气象局要认真落实国发 57 号文件要求,自国务院决定发布之日起,不得再继续开展"其他部门新建、撤销气象台站审批"、"防雷工程专业设计、施工资质年检"、"施放气球资质证年检"3 项行政审批工作,也不得将已取消的 3 项行政审批事项通过印发文件等形式指定交由协会、学会和事业单位继续审批,已经指定的要予以纠正,收回相关文件,停止审批。

认真落实国发 58 号文件要求,自国务院决定发布之日起,在开展行政审批时,不再将已清理规范的中介服务事项作为受理条件。在开展新建、扩建、改建建设工程避免危害气象探测环境行政审批时,不再要求申请人提供建筑工程与气象探测设施或观测场布局图;在开展防雷装置设计审核行政审批时,不再要求申请人提供雷电灾害风险评估报告;在开展防雷装置竣工验收行政审批时,不再要求申请人提供防雷产品测试报告;在开展防雷装置设计审核行政审批时,不再要求申请人提供防雷装置设计技术评价报告,改由审批部门委托有关机构开展防雷装置设计技术评价。

二、清理完善相关法规制度,不断强化改革的法治保障

要按照国发 57 号和国发 58 号文件要求,抓紧修订《施放气球管理办法》(中国气象局令第 9 号)、《气象行业管理若干规定》(中国气象局令第 12 号)、《防雷装置设计审核和竣工验收规定》(中国气象局令第 21 号)、《防雷减灾管理办法(修订)》(中国气象局令第 24 号)、《防雷工程专业资质管理办法(修订)》(中国气象局令第 25 号)等 5 部部门规章,修改《中国气象局办公室关于做好新建扩建改建建设工程避免危害国家基准气候站基本气象站气象探测环境审批下放后续工作的通知》(气办函〔2014〕344 号)、《中国气象局关于印发国家级地面气象观测站迁建撤暂行规定的通知》(气发〔2012〕93 号)。要按照简政放权、放管结合、优化服务的总体部署,进一步清理和完善相关法规、制度和标准,为各项改革提供法治保障。

各省(区、市)气象局要积极配合地方人大、政府做好相关的地方性法规、政府规章及规范性文件的清理、修订和废止工作,并做好本部门相关规范性文件的清理、修订及废止工作。按照中国气象局统一部署,加快配套改革和相关制度建设,不断提高依法履职的科学化、规范化水平。

三、加强事中事后监管,继续做好取消行政审批事项后的相关工作

按照国发 57 号文件要求,"其他部门新建、撤销气象台站审批"取消后,各省(区、市)气象局应当定期进行气象台站情况的备案统计,加大对气象标准执行情况的监督检查力度,加强气象资料汇交管理和共享。"防雷工程专业设计、施工资质年检"、"施放气球资质证年检"取消后,对资质的管理实行年度报告制度,各省(区、市)气象局应当对年度报告内容进行抽查并公示抽查结果。

四、创新管理方式,全力做好清理规范中介服务工作

按照国发 58 号文件要求,切实转变观念、大胆实践,创新管理方式,优化工作流程,强化标准制度建设,加强事中事后监管,确保清理规范行政审批中介服务工作取得实效。

"绘制新建、扩建、改建建筑工程与气象探测设施或观测场布局图"中介服务事项清理规范后,中国气象局将进一步完善相关配套标准和事中事后监管措施。各省(区、市)气象局要按照中国气象局统一部署,严格执行相关标准,按要求组织开展现场测量或现场核查。

"建设项目雷电灾害风险评估"中介服务事项清理规范后,中国气象局将加快推进配套标准规范的制修订,完善相关政策,强化事中事后监管。各省(区、市)气象局要结合本地实际,组织开展区域性雷电灾害风险评估或雷电灾害风险区划工作,为政府组织雷电灾害防御提供参考;按照法律法规规定,组织进行大型建设工程、重点工程、爆炸和火灾危险环境、人员密集场所等项目的雷电灾害风险评估,项目建设单位自主选择评估服务机构。

"防雷产品测试"中介服务事项清理规范后,中国气象局将加快制定完善相关配套制度和标准,健全监管工作流程,组织开展防雷产品质量的定期或不定期抽检,并及时公示检查结果。各省(区、市)气象局要按照中国气象局要求,加强防雷产品使用的监督检查。

"防雷装置设计技术评价"中介服务事项转为受理后的技术性服务后,各省(区、市)气象局要结合各地行政审批管理的实际情况和有关要求,指导审批部门通过委托有关机构或联审联批等方式,对施工图纸的防雷设计方案进行审查,并出具技术评价结论。

五、完善审批程序与监督机制,切实规范行政审批行为

加强对各省(区、市)气象局行政审批工作的指导,做到上下衔接、统筹协调。继续推进气象行政审批网上平台建设,积极推行网上行政审批和一个窗口办理工作,切实提高行政审批效率和服务水平。进一步完善行政审批服务指南和审查工作细则,全面公开行政审批信息,简化审批条件,优化审批流程,提高审批时效。建立健全行政审批监督机制,对落实不到位的要坚决予以纠正,造成严重后果的,追究相关人员责任。

六、加强组织领导和宣传引导,营造良好改革氛围

各级气象部门要高度重视,加强组织领导,明确责任,狠抓落实,确保国发 57 号和国发 58 号文件的全面贯彻执行。要加强宣传引导和信息公开,通过部门网站、公开栏、行政服务中心窗口等多种渠道,及时公开行政审批信息,让行政相对人、社会公众充分知晓,接受社会监督,形成有利于深化改革的良好氛围。

中国气象局

2015 年 10 月 16 日

重庆市人民政府关于
优化建设工程防雷许可的实施意见

(渝府发〔2016〕57 号)

各区县(自治县)人民政府,市政府有关部门,有关单位:

为贯彻落实《国务院关于优化建设工程防雷许可的决定》(国发〔2016〕39 号),加

快整合建设工程防雷许可,进一步强化监管,保障建设工程防雷安全,结合我市实际,提出如下实施意见:

一、落实改革要求,优化防雷许可

(一)将气象部门承担的房屋建筑工程和市政基础设施工程防雷装置设计审核、竣工验收许可,整合纳入建筑工程施工图审查、竣工验收备案,统一由城乡建设部门监管。

(二)油库、气库、弹药库、加油站、加气站、棉麻仓库、粮库,火工品、烟花爆竹、民爆物品、可燃气体、化学(工)品、有毒有害物品的生产与存储等易燃易爆场所,以及石油天然气建设项目、合成材料及加工工程、石油产品深加工工程、化纤工程等易燃易爆建设工程和场所,雷电易发区内的矿区(煤矿、非煤矿山)、旅游景点或者投入使用的建(构)筑物、设施等需要单独安装雷电防护装置的场所,由气象部门负责防雷装置设计审核和竣工验收许可。

(三)高层建筑(高度超过 100 米)、桥梁(悬索桥、斜拉桥及其他高耸结构类型的特殊桥梁)、城市轨道交通、大型露天演艺场所或体育场馆等需要进行特殊论证的大型项目,以及雷电风险高且没有防雷标准规范的大型项目,其防雷装置设计审核和竣工验收许可由气象部门负责。

(四)除以上(一)(二)(三)条规定之外的公路、水路、铁路、民航、水利、电力、核电、通信等专业建设工程的防雷管理,由各专业部门负责监督管理。气象、城乡建设部门应会同其他主管部门加快厘清房屋建筑工程、市政基础设施工程和其他专业建设工程中存在职能交叉的防雷监管范围,制定项目清单;气象、安监、煤监部门和旅游景点主管部门要加快厘清并制定雷电易发区内的矿区、旅游景点需要单独安装雷电防护装置的场所清单。各有关部门要及时将防雷监管项目和场所清单定期向社会公布。

(五)取消气象部门对防雷专业工程设计、施工单位资质许可,新建、改建、扩建建设工程防雷装置的设计、施工,可由取得相应建设、公路、水路、铁路、民航、水利、电力、核电、通信等专业工程设计、施工资质的单位承担。

(六)规范防雷检测行为,降低防雷装置检测单位准入门槛,全面开放防雷装置检测市场,允许企事业单位申请防雷装置检测资质,鼓励社会组织和个人参与防雷技术服务,促进防雷减灾服务市场健康发展。市气象局要会同其他有关部门各司其职,加强对防雷减灾服务市场的事中事后监管,从源头上确保建设工程防雷安全。

(七)在开展防雷装置设计审核许可时,不再要求申请人提供防雷装置设计技术评价报告,改由审批部门委托具备能力的有关机构开展防雷装置设计技术评价;在开展防雷装置竣工验收许可时,不再要求申请人提供新建、改建、扩建建(构)筑物防雷装置检测报告,改由审批部门委托取得相应防雷装置检测资质的有关机构开展新建、改建、扩建建(构)筑物防雷装置检测。同时,审批部门委托开展的防雷装置设计技术评价、防雷装置检测,按照"谁委托、谁付费"的原则,不得向相对人违规收取相关费用。

(八)各有关部门要加强衔接,细化措施,于2016年底前完成相关交接工作。气象部门必须做好过渡期内防雷行政审批和防雷安全监管工作,交接工作完成前已受理的建设工程防雷许可项目的防雷装置设计评价、施工监审和防雷装置检测等技术服务工作仍由原市、区县(自治县)防雷专业机构(防雷中心)负责。

二、落实防雷责任,确保防雷安全

(九)区县(自治县)人民政府要继续依法履行防雷监管职责,落实雷电灾害防御属地管理责任,把防雷安全纳入安全目标考核体系,确保本地区防雷安全。

(十)气象部门要加强对雷电灾害防御工作的组织管理,做好雷电监测、预报预警、雷电灾害调查鉴定、防雷科普宣传和雷电灾害防御技术研究,划分雷电易发区域并及时向社会公布,要会同有关部门指导可能遭受雷击的建(构)筑物和其他设施安装的雷电防护装置的检测工作。

(十一)气象、城乡建设、公路、水路、铁路、民航、水利、电力、核电、通信等各有关部门要按照谁审批、谁负责、谁监管的原则,落实防雷安全监管责任,将防雷安全纳入本行业、领域安全生产大检查、隐患排查、专项督查范畴,进一步明确和落实建设工程设计、施工、监理、防雷装置检测单位以及业主单位等在防雷工程质量安全方面的主体责任。

(十二)建设工程业主单位作为建设工程防雷装置质量安全的第一责任人,应做好建设工程防雷装置建设的组织和管理,切实开展防雷安全隐患排查治理,建立健全防雷装置定期检测制度,严禁委托无资质、超资质、租借资质、挂靠资质检测单位进行防雷装置检测。建设工程设计、施工、监理、防雷装置检测单位应依据国家防雷规范做好建设工程防雷装置设计、施工、监理以及检测工作,在职责范围内依法承担建设工程防雷装置质量安全的主体责任。建设工程防雷装置建设的各方应加强沟通,密切配合,确保建设工程防雷装置与主体工程同时设计、同时施工和同时投入使用,并符合国家防雷规范和气象部门规定的使用要求,保障建设工程防雷安全。

(十三)市、区县(自治县)防雷专业机构(防雷中心)作为政府依法履行防雷监管职责、落实雷电灾害防御属地责任的科技支撑单位,要依法履职,切实承担(二)(三)条规定范围内建设工程防雷许可的技术支撑工作,依法开展防雷装置安全检测,充分发挥在防雷安全应急处置、雷电灾害事故调查鉴定、科普宣传等方面的保障作用,有效遏制重特大雷电灾害事故。

(十四)市编办、市城乡建委、市气象局要会同公路、水路、铁路、民航、水利、电力、核电、通信等部门,加快修订建设领域行政审批流程,完善防雷装置设计审核和竣工验收许可事项工作流程,将整合后的防雷许可事项纳入重庆市网上行政审批平台,切实优化流程、缩短时限、提高效率。

三、强化防雷改革领导,落实保障措施

(十五)各区县(自治县)人民政府、市级有关部门要进一步加强对防雷改革的组织领导,完善建设工程防雷管理工作机制,建立雷电灾害防御工作联系制度,强化统筹协调和监督检查,研究解决防雷管理中的重大问题,确保防雷改革任务按期顺利完成。

(十六)市气象局要协助有关部门加快推进涉及建设工程防雷安全监管地方性法规、规章及行政规范性文件的立改废工作,会同质监、城乡建设、安监等部门建立健全建设工程防雷安全事中事后监管地方标准体系。

(十七)市、区县(自治县)财政部门要进一步完善防雷减灾工作公共财政保障体制机制。

重庆市人民政府
2016 年 12 月 14 日

重庆市气象局　重庆市城乡建设委员会关于贯彻落实市政府优化建设工程防雷许可实施意见的通知

渝气发〔2016〕131 号

各区县(自治县)气象局、城乡建设委员会、各有关单位:

为贯彻《国务院关于优化建设工程防雷许可的决定》(国发〔2016〕39 号)、《重庆市人民政府关于优化建设工程防雷许可的实施意见》(渝府发〔2016〕57 号)精神,进一步明确和落实建设工程防雷安全责任,保障建设工程防雷安全,优化建设工程防雷许可程序,加强对建设工程防雷安全工作的事中事后监管,现就有关事项通知如下:

一、细化措施,整合优化部分建设工程防雷许可方式

(一)气象、城乡建设部门要按照《重庆市气象部门、重庆市城乡建设部门建设工程防雷安全监管项目清单》(见附件 1)要求,于 2016 年 12 月 31 日前,完成有关建设工程防雷安全监管工作交接,并签订《重庆市气象部门、重庆市城乡建设部门建设工程防雷安全监管项目交接书》(见附件 2)。

(二)交接书签订前,气象部门仍应按原程序和流程实施建设工程防雷设计审核和竣工验收许可;交接书签订后,气象、城乡建设部门应各司其责,切实做好建设工

程防雷安全监管;气象部门对已受理的建设工程防雷许可项目,仍按原防雷许可方式进行审批,相应防雷装置设计评价、施工监审和防雷装置检测等具体工作仍由原市、区县防雷专业机构(市、区县防雷中心)负责。

(三)凡纳入气象部门防雷许可范围的建设项目,仍应按照原审批程序和规定要求办理建设工程防雷设计审核和竣工验收许可;纳入城乡建设部门防雷监管范围的建设项目,其施工图审查、竣工验收备案应包含防雷专项技术内容。气象、城乡建设部门应根据行政审批改革要求,进一步修订完善相应行政审批办事指南,优化办事流程,缩短办事时限,提高办事效率。

二、依法行政,加强建设工程防雷安全监管

(一)按照谁监管、谁负责的原则,气象、城乡建设部门应采取有效措施,切实尽职履责,将防雷安全纳入本行业、领域安全生产大检查、隐患排查、专项督查范畴,建立完善建设工程防雷安全检查和隐患整治台账,督促建设工程业主单位、施工单位及时整改完善,确保建设工程防雷装置符合国家防雷规范和气象主管机构规定的使用要求,保障建设工程防雷安全。

(二)气象部门要全面开放防雷装置检测市场,降低防雷装置检测单位准入门槛,鼓励企事业单位申请防雷装置检测资质,定期向社会公布依法取得防雷装置检测资质的单位名单。建设工程业主单位应委托有防雷装置检测资质单位承担防雷装置检测,其防雷装置检测报告作为城乡建设部门竣工验收备案的重要组成内容。气象、城乡建设部门应按照各自职责,加强对建设工程防雷装置检测的监督管理以及事中事后监管,保证防雷装置检测质量和建设工程防雷安全;要严厉打击和查处无资质、超越资质、出借资质、挂靠资质以及拉人从事防雷装置检测等违法违规行为。

(三)建设工程业主单位及设计、施工、监理、防雷装置检测单位应落实建设工程防雷安全的主体责任,确保建设工程防雷设计深度与内容、防雷施工工艺与质量、防雷检测项目与结论均符合国家、行业及地方防雷规范要求,确保建设工程防雷装置与主体工程同时设计、同时施工和同时投入使用。气象、城乡建设部门要加强监督管理,督促建设工程各方防雷安全责任主体落实相关主体责任。

三、密切配合,建立健全建设工程防雷安全管理工作协调机制

(一)气象、城乡建设部门要建立建设工程防雷安全管理的沟通协调机制,明确双方常态化沟通协调的机构和人员,每年双方至少应召开一次协调会议,就优化建设工程防雷审批流程、需要协调解决的重大问题、防雷安全管理方面的先进经验进行沟通交流,增强建设工程防雷安全管理的有效性。

(二)气象、城乡建设部门要加强在雷电风险区划、建设工程设计施工资质、防雷装置检测单位资质等领域信息共享,加强建设工程防雷技术、防雷标准的交流与合作,建立健全建设工程防雷安全事中事后监管地方标准体系。

（三）气象、城乡建设部门要加强协调配合,定期或不定期组织开展建设工程防雷安全检查,监督检查建设工程防雷安全各方责任主体单位的主体责任落实情况,重点检查建设工程防雷装置与建筑主体工程"三同时"落实情况、防雷装置隐蔽部分施工情况、防雷装置检测情况等内容,若发现问题的应及时督促整改,确保建设工程防雷安全。

特此通知。

附件1:《重庆市气象部门、重庆市城乡建设部门建设工程防雷安全监管项目清单》

附件2:《重庆市气象部门、重庆市城乡建设部门建设工程防雷安全监管项目交接书》

重庆市气象局

重庆市城乡建设委员会

2016 年 12 月 26 日

附件1:

重庆市气象部门、重庆市城乡建设部门
建设工程防雷安全监管项目清单

监管部门	项目性质	项目类型
气象部门	易燃易爆场所	油库、气库、弹药库、加油站、加气站、棉麻仓库、粮库、火工品生产车间(厂房)与库房、烟花爆竹生产车间(厂房)与库房、民爆物品生产车间(厂房)与库房、可燃气体生产车间(厂房)与存储罐区(储气瓶库)、化学(工)品生产车间(厂房)与库房、有毒有害物品生产车间(厂房)与库房、石油天然气建设项目、合成材料及加工工程、石油产品深加工工程、化纤工程。
	矿区旅游景点	雷电易发区内的建(构)筑物、设施。
	普通建筑	雷电易发区内需要单独安装防雷装置的既有建(构)筑物。
	大型项目	高度超过100米的高层建筑项目。
		悬索桥、斜拉桥、高耸结构类型的特殊桥梁、城市轨道交通、大型露天演艺场所、体育场馆。
		其他雷电风险高且没有防雷标准规范的大型项目。
城乡建设部门	房屋建筑工程和市政基础设施工程	除明确由气象部门监管的大型项目外的其他房屋建筑工程项目和市政基础设施工程项目。

附件2：

重庆市气象部门、重庆市城乡建设部门
建设工程防雷安全监管项目交接书

交接依据	1.《国务院关于优化建设工程防雷许可的决定》(国发〔2016〕39号)； 2.《中国气象局等11部委关于贯彻落实〈国务院关于优化建设工程防雷许可的决定〉的通知》(气发〔2016〕79号)； 3.《重庆市人民政府关于优化建设工程防雷许可的实施意见》(渝府发〔2016〕57号)。		
交接内容	部分房屋建筑工程和市政基础设施工程防雷安全监管由气象部门移交城乡建设部门,具体范围见附件:《重庆市气象部门、重庆市城乡建设部门建设工程防雷安全监管项目清单》。		
交接时间	2016年12月31日		
移交部门	XXX气象局(签章) 2016年12月　日	承接部门	XXX城乡建设委员会(签章) 2016年12月　日

注　一式贰份,气象部门、城乡建设部门各壹份。

重庆市气象局　重庆市安全生产监督管理局　重庆市经济和信息化委员会　重庆市商务委员会　重庆市煤炭工业管理局重庆市公安局关于加强易燃易爆、矿山等建设工程和场所防雷安全工作的通知

各区县(自治县)气象、安监、经信、商务、煤管、公安部门,有关单位:

　　根据《重庆市人民政府关于优化建设工程防雷许可的实施意见》(渝府发〔2016〕57号)文件精神,为保障易燃易爆、矿山等建设工程和场所的防雷安全,督促相关单位落实防雷安全主体责任,有效遏制重特大雷击事故,现就有关事项通知如下:

　　一、高度重视易燃易爆、矿山等建设工程和场所防雷安全工作

　　雷电灾害是最严重的自然灾害之一,每年我市雷电灾害时有发生,对经济社会发展、社会和谐稳定,尤其是对人民生命财产安全构成了严重威胁。而易燃易爆、矿山等建设工程和场所是防雷安全监管的重点,这类场所一旦遭受雷击,易发生重特大雷击事故,如2005年,綦江东溪化工厂制药工房因雷击发生爆炸,导致19人死亡、12人受伤。为有效遏制我市易燃易爆、矿山建设工程和场所发生重特大雷击事故,气象、安监、经信、商务、煤管、公安等部门要站在对人民群众生命财产安全极端负责的高度,充分认识易燃易爆、矿山等建设工程和场所防雷安全工作的重要性,加强协调,密切配合,采取切实有力的措施,共同做好易燃易爆、矿山等建设工程和场所防雷安全管理工作。

二、强化易燃易爆、矿山企业防雷安全主体责任落实

易燃易爆、矿山生产、经营、存储单位是易燃易爆、矿山防雷安全的责任主体，单位主要负责人是本单位防雷安全第一责任人，对防雷安全工作负全面责任，要强化其防雷安全主体责任落实；应建立健全防雷安全生产责任制，制定并实施防雷安全事故应急预案，加强防雷设施建设和运行管护，落实防雷安全工作所需经费，配备防雷安全管理人员，加强相关人员防雷安全知识的学习和宣传，发现问题及时整改。

新建、改建、扩建易燃易爆、矿山等建设工程和场所要按照国家、行业防雷有关规定、技术标准，严格履行防雷装置设计审核、竣工验收行政审批程序及手续，杜绝"先建后批"、"不合格投用"等违法违规行为。易燃易爆、矿山的防雷装置定期进行安全性能检测是国家强检项目，各单位要认真落实易燃易爆场所防雷装置半年检测一次、其他场所防雷装置每年检测一次规定，委托有资质的单位定期实施安全检测，不得以任何理由拒绝检测。

三、加强易燃易爆、矿山等建设工程和场所防雷安全管理

气象、安监、经信、商务、煤管、公安等部门要督促易燃易爆、矿山等建设工程和场所的设计、施工、监理、防雷装置检测单位以及业主单位落实防雷安全主体责任，做到防雷设计深度与内容、防雷施工工艺与质量、防雷检测项目与结论均符合国家、行业和地方防雷规范要求，确保防雷装置与主体工程同时设计、同时施工和同时投入使用。

气象部门要认真做好易燃易爆、矿山等建设工程和场所的防雷装置设计审核和竣工验收工作，安监、经信、商务、煤管、公安等部门要在各自职责范围内，要求易燃易爆、矿山等建设工程和场所的业主单位申请防雷装置设计审核和竣工验收，将防雷装置设计审核和竣工验收结论作为安全生产监管的重要内容。

气象、安监、经信、商务、煤管、公安等部门在各自职责范围内，将防雷安全纳入本行业、本领域安全生产监管体系，督促易燃易爆、矿山等建设工程和场所的业主单位建立健全防雷装置定期检测制度。易燃易爆场所防雷装置应半年检测一次，其他场所防雷装置应每年检测一次，检测单位应具有防雷装置检测资质。

四、加大易燃易爆、矿山等建设工程和场所防雷安全监管力度

气象部门要采取有效措施，进一步完善易燃易爆、矿山等建设工程和场所的防雷安全监管手段，按照"双随机"工作要求，建立健全易燃易爆、矿山等建设工程和场所对象库，建设防雷安全技术监督平台，充分运用信息化手段，对易燃易爆、矿山等建设工程和场所防雷安全及防雷装置检测行为进行动态监管，提升防雷安全隐患排查治理能力。

气象、安监、经信、商务、煤管、公安等部门要加强协调配合，适时联合开展易燃易爆、矿山等建设工程和场所的防雷安全检查与督查，重点检查建设工程防雷装置与建筑主体工程"三同时"落实情况、雷电灾害应急预案及防御相关制度建立健全情况、防雷装置隐蔽部分施工情况、防雷装置检测情况等内容，发现问题要及时督促整

改,确保建设工程防雷安全。

气象、安监、经信、商务、煤管、公安等部门要按照《气象法》《安全生产法》《矿山安全法》《危险化学品安全管理条例》等有关法律法规的规定,严肃查处违反防雷安全相关规定的行为,加大对防雷安全责任事故的查处力度,对于拒不接受防雷装置设计审核和竣工验收、拒不接受防雷装置检测、使用不合格防雷产品的单位和个人,要按照有关法律法规严肃查处;对于违反法律法规规定导致雷击责任事故或灾害应急处置不力造成重大事故的行为,要及时组织调查,依法追究有关单位和相关人员的责任。

五、强化防雷科普宣传教育与雷电灾害调查

气象、安监、经信、商务、煤管、公安等部门要加大防雷安全生产和管理法规、科普知识方面的宣传力度,特别是要加强易燃易爆、矿山等建设工程和场所防雷技术规范宣贯、实用技术推广和防雷应知应会知识的技术培训,提高依法防雷、科学防雷、主动防雷的意识;要督促各有关部门和单位建立健全雷电灾害报告制度,在遭受雷电灾害后及时向当地政府及行业主管部门报告灾情,并协助做好雷电灾害的调查、鉴定;要不断提高组织做好雷电灾害调查、鉴定的技术水平和应急反应能力,并按有关要求准确、及时、全面地向上级部门报告本地区发生的雷电灾害情况。

六、有效落实易燃易爆、矿山等建设工程和场所防雷安全管理的保障措施

气象、安监、经信、商务、煤管、公安等部门要建立易燃易爆、矿山等建设工程和场所防雷安全管理的沟通协调机制,明确常态化沟通协调的机构和人员,每年至少召开一次协调会议,就优化易燃易爆、矿山等建设工程和场所防雷管理、需要协调解决的重大问题、防雷安全管理先进经验等方面进行沟通交流,增强易燃易爆、矿山等建设工程防雷安全管理的有效性。

气象、安监、经信、商务、煤管、公安等部门要在易燃易爆、矿山等建设工程和场所的基本资料、防雷安全管理内部制度、防雷装置有效性、防雷装置检测情况等方面加强信息共享,强化易燃易爆、矿山等建设工程和场所防雷技术、防雷标准的交流与合作,建立健全防雷安全事中事后监管地方标准体系。

特此通知。

重庆市气象局

重庆市安全生产监督管理局

重庆市经济和信息化委员会

重庆市商务委员会

重庆市煤炭工业管理局

重庆市公安局

2016 年 12 月 23 日